WITTGENSTEIN E A MORALIDADE
A CONTINUIDADE DE UMA CONCEPÇÃO METAÉTICA

Editora Appris Ltda.
1.ª Edição - Copyright© 2024 do autor
Direitos de Edição Reservados à Editora Appris Ltda.

Nenhuma parte desta obra poderá ser utilizada indevidamente, sem estar de acordo com a Lei nº 9.610/98. Se incorreções forem encontradas, serão de exclusiva responsabilidade de seus organizadores. Foi realizado o Depósito Legal na Fundação Biblioteca Nacional, de acordo com as Leis nos 10.994, de 14/12/2004, e 12.192, de 14/01/2010.

Catalogação na Fonte
Elaborado por: Dayanne Leal Souza
Bibliotecária CRB 9/2162

N244w 2024	Nascimento, Matheus Colares do
	    Wittgenstein e a moralidade: a continuidade de uma concepção metaética / Matheus Colares do Nascimento. – 1. ed. – Curitiba: Appris, 2024.
	    164 p. ; 21 cm. – (Geral).
	
	    Inclui referências.
	    ISBN 978-65-250-7205-0
	
	    1. Wittgenstein. 2. Linguagem. 3. Ética. I. Nascimento, Matheus Colares do. II. Título. III. Série.
	
	    CDD – 128.2

Livro de acordo com a normalização técnica da ABNT

Editora e Livraria Appris Ltda.
Av. Manoel Ribas, 2265 – Mercês
Curitiba/PR – CEP: 80810-002
Tel. (41) 3156 - 4731
www.editoraappris.com.br

Printed in Brazil
Impresso no Brasil

Matheus Colares do Nascimento

WITTGENSTEIN E A MORALIDADE
A CONTINUIDADE DE UMA CONCEPÇÃO METAÉTICA

Appris
editora

Curitiba, PR
2024

FICHA TÉCNICA

EDITORIAL	Augusto Coelho
	Sara C. de Andrade Coelho

COMITÊ EDITORIAL:

- Ana El Achkar (Universo/RJ)
- Andréa Barbosa Gouveia (UFPR)
- Antonio Evangelista de Souza Netto (PUC-SP)
- Belinda Cunha (UFPB)
- Délton Winter de Carvalho (FMP)
- Edson da Silva (UFVJM)
- Eliete Correia dos Santos (UEPB)
- Erineu Foerste (Ufes)
- Fabiano Santos (UERJ-IESP)
- Francinete Fernandes de Sousa (UEPB)
- Francisco Carlos Duarte (PUCPR)
- Francisco de Assis (Fiam-Faam-SP-Brasil)
- Gláucia Figueiredo (UNIPAMPA/ UDELAR)
- Jacques de Lima Ferreira (UNOESC)
- Jean Carlos Gonçalves (UFPR)
- José Wálter Nunes (UnB)
- Junia de Vilhena (PUC-RIO)
- Lucas Mesquita (UNILA)
- Márcia Gonçalves (Unitau)
- Maria Aparecida Barbosa (USP)
- Maria Margarida de Andrade (Umack)
- Marilda A. Behrens (PUCPR)
- Marília Andrade Torales Campos (UFPR)
- Marli Caetano
- Patrícia L. Torres (PUCPR)
- Paula Costa Mosca Macedo (UNIFESP)
- Ramon Blanco (UNILA)
- Roberta Ecleide Kelly (NEPE)
- Roque Ismael da Costa Güllich (UFFS)
- Sergio Gomes (UFRJ)
- Tiago Gagliano Pinto Alberto (PUCPR)
- Toni Reis (UP)
- Valdomiro de Oliveira (UFPR)

SUPERVISORA EDITORIAL	Renata C. Lopes
PRODUÇÃO EDITORIAL	Sabrina Costa
REVISÃO	Bruna Fernanda Martins
DIAGRAMAÇÃO	Amélia Lopes
CAPA	Carlos Pereira
REVISÃO DE PROVA	Bianca Pechiski

A meus queridos pais, Antônio e Graziela; e irmão, Pedro.

AGRADECIMENTOS

Devo os agradecimentos pela finalização desta obra à minha orientadora, Janyne Sattler. Janyne é uma pessoa acolhedora e disponível, qualidades que ela me apresentou desde que nos falamos pela primeira vez em 2018 em um dos encontros da Anpof. Todas as discussões que tivemos, não somente sobre este texto, mas sobre diversas outras questões filosóficas em todas as oportunidades, foram importantes para a minha formação enquanto pesquisador e enquanto pessoa. Definitivamente a sua contribuição foi imprescindível para a criação desta obra.

Além disso, também fico satisfeito em ter escolhido o PPGFil da Ufsc para concluir essa etapa da minha formação e construir esta obra. Apesar de a pandemia de Covid-19 ter prejudicado a experiência de formação dos discentes de pós-graduação, assim como a de inúmeras outras pessoas, sinto que tive um aproveitamento mais que satisfatório do conteúdo oferecido nas disciplinas e atividades extracurriculares promovidas pelo programa e pelos seus pesquisadores e pesquisadoras.

Por fim, sou grato à Capes, cujo funcionamento, apesar de ter sido covardemente alvejado durante os anos de 2018-2022, ofereceu as condições de possibilidade para a criação desta obra mediante a concessão de bolsa de mestrado.

PREFÁCIO

É uma honra e uma alegria poder escrever as linhas que prefaciam o livro de Matheus Colares do Nascimento. Resultado das pesquisas realizadas em seu mestrado em Filosofia na Universidade Federal de Santa Catarina, este livro atesta o pesquisador autônomo e engajado que é o Matheus, em sua tarefa de análise, muito fina e detalhada, de um dos filósofos mais importantes da contemporaneidade, Ludwig Wittgenstein. Não é o caso de que meus elogios se devam às inúmeras concordâncias exegéticas que compartilhamos. Nem é o caso de que seguimos ainda uma parceria de estudos que nos permite a convivência filosófica. O caso é que este é de fato um trabalho cuidadoso e bem-acabado, com uma argumentação segura e uma escrita prazerosa.

Quando menciono autonomia e engajamento estou pensando não apenas nos modos de realização da pesquisa – no tracejado independente de propósitos e linhas argumentativas descobertas por sua conta e risco –, mas também no desenhar das suas reflexões interpretativas. Que essas duas qualidades caminhem juntas, aqui, significa que a autonomia filosófica não licencia o desenvolvimento de argumentos levados às últimas consequências em prol dos próprios argumentos – o que pode muitas vezes levar a pensamentos de ordem moral e politicamente questionável – mas que ela está comprometida com uma busca aderente a valores filosóficos que se desdobram, se estendem e se enredam na realidade, e que ecoam o modo como vivemos nossas vidas com nossos conceitos. Isso exige responsabilidade. Sim, o trabalho do Matheus é um trabalho de exegese. Mas não por isso descolado do mundo. As implicações de suas conclusões exegéticas reverberam o seu engajamento como filósofo e a salutar abertura a reflexões futuras.

Seu propósito é a defesa de uma dupla continuidade em Wittgenstein: tanto aquela afeita à concepção de linguagem e que estabelece uma comunicação (e não uma ruptura) entre as obras, especialmente entre o *Tractatus Logico-Philosophicus* e as *Investigações Filosóficas*, quanto aquela relativa à concepção de ética, estando ambas profundamente imbricadas. A sua linha argumentativa se coloca contra os movimentos de interpretação tradicional e resoluta da obra de Wittgenstein, e recontextualiza e restabelece as concepções de "ética" e de "linguagem" como legitimamente pertinentes ao tecido *integral* da filosofia wittgensteiniana. Contra a ideia do vazio da ética nas *Investigações*, Matheus estabelece não apenas a sua vigência como a sua continuidade e importância desde o *Tractatus*. E, assim, contra a noção de que temos mais de um "Wittgenstein" a perscrutar filosoficamente, ele percebe as linhas de contiguidade. Se há mudanças ao longo do caminho, elas não são radicais a ponto de supor o abandono de conceitos cruciais ao pensamento wittgensteiniano, especialmente aquele de "ética", que desde o início já estabelecia para o filósofo o enquadramento das implicações morais advindas de nossa concepção (inúmeras vezes filosoficamente equivocada) de linguagem. Afinal, a atitude antimetafísica que informa o *Tractatus* tanto quanto as *Investigações* parte das armadilhas e consequências nefastas da linguagem sobre a vida moral. E não é à toa que podemos falar aqui de um certo tipo de filosofia como terapia. Para Matheus, isso também significa rever aquelas leituras que compreendem a ética como um mero subproduto da linguagem. Não há, diz ele, prioridade conceitual da linguagem sobre a ética. E não há, portanto, um abandono da ética advindo das mudanças realizadas sobre a concepção de linguagem pós-*Tractatus*. Há tão somente "ajustes", e eu gostaria de salientar o quanto me agrada essa palavra que o Matheus utiliza em sua análise dos textos *intermezzos* de Wittgenstein em sua caminhada rumo às *Investigações Filosóficas*.

É aliás o modo como o autor interpreta os principais conceitos das *Investigações* – "jogos de linguagem", "semelhanças de família" e "formas de vida" – que lhe permite a refutação da leitura convencional quanto à ausência da ética, insistindo em sua permanência na obra tardia de Wittgenstein. Vou deixar que se verifique na leitura as particularidades dessa interpretação, mas gostaria de enfatizar a percepção de que o desenvolvimento conceitual das *Investigações* se dá em continuidade aos propósitos ético-linguísticos já claramente colocados pelo *Tractatus*, nunca efetivamente abandonados por Wittgenstein, embora modificados em vista de certos erros e "ajustes" necessários – como as correções advindas do problema das cores; e de que uma distinção importante do *Tractatus*, entre dizer e mostrar, que ajuda a compreender o sentido da recusa proposicional da ética, tem implicações sobre a compreensão que se retira das observações explícitas, pontuais e escassas, sobre a ética nas *Investigações*. Matheus realiza essa interpretação e a defende contra leituras canônicas, tradicionais, convencionais de Wittgenstein, e desbanca os equívocos exegéticos de vários comentadores com muita classe e fina ironia. Que é mais um elemento de sua escrita prazerosa.

Janyne Sattler

Professora do Departamento e do Programa de Pós-Graduação em Filosofia (Ufsc)

APRESENTAÇÃO

As mudanças pelas quais a filosofia de Wittgenstein passou entre as suas duas principais obras – *Tractatus logico-philosophicus* e *Investigações Filosóficas* – são objeto de amplos debates nos estudos Wittgenstein tanto em âmbito nacional quanto em âmbito internacional. Qualquer estudante de filosofia que tenha o primeiro contato com a obra desse importante filósofo logo será também introduzido nos estudos comparativos entre elas.

Há pelo menos 20 anos, desde a publicação de *The New Wittgenstein* (2000), ficou já praticamente estabelecido que tais mudanças, antes de implicar uma ruptura profunda no pensamento do filósofo, são mais bem compreendidas como um gradual aperfeiçoamento da sua abordagem filosófica sobre filosofia, método e, consequentemente, a linguagem. No Brasil, essa perspectiva foi já muito bem desenvolvida nos trabalhos de Janyne Sattler e do Darlei Dall'Agnol, com quem trabalhei em proximidade durante os meus anos de mestrado.

No entanto, as visões de Wittgenstein acerca da ética dentro desse contexto de desenvolvimento recebem incomparavelmente menor atenção e, eu diria, são até mesmo negligenciadas. Credita-se a Wittgenstein uma ruptura na sua concepção de ética ao longo do seu desenvolvimento filosófico. Ao longo deste trabalho, eu me refiro a essa tese como "a leitura convencional". Com efeito, alguns dos textos fonte desta leitura são bastante antigos – começando com o artigo de J. Walker intitulado *Wittgenstein's Earlier Ethics* (1968). No entanto, essa é ainda uma concepção enraizada nos estudos Wittgensteinianos e que, eu acredito, ainda não foi tão abertamente desafiada.

Esta obra se coloca a tarefa de argumentar contra a leitura convencional, e eu me proponho a fazer isso tanto do ponto de vista metodológico quanto do ponto de vista teórico. Aqui são necessários breves esclarecimentos a esse respeito. De fato, há uma dificuldade peculiar em discutir a questão da ética na obra de Wittgenstein, porque há pouquíssimas passagens em que o filósofo se dedica à questão e, quando elas aparecem, são afirmações bastante obscuras. Por esse motivo, a leitura convencional recorre a um método bastante intuitivo, porém, em mesmo grau, problemático, a saber, o de projetar uma visão de ética para

Wittgenstein a partir dos conceitos que são desenvolvidos nas *Investigações Filosóficas*. Isso é problemático porque, além de Wittgenstein não sugerir em nenhum lugar que devamos fazer isso, a função que ele atribui a tais conceitos é significativamente diferente da que é tradicionalmente atribuída a conceitos na filosofia, de modo que ao reproduzi-la, incorre-se em conclusões teóricas problemáticas. Isso impede os autores da leitura convencional de comparar textualmente as afirmações de Wittgenstein acerca da ética com as implicações da função particular desses conceitos para verificar se essa visão projetada realmente se verifica.

Nesta obra, tentei recorrer a um método alternativo. Em vez de projetar uma visão de ética de Wittgenstein a partir de seus conceitos, dediquei-me a uma análise comparativa entre as suas principais afirmações sobre esse tema e à perspectiva filosófica mais ampla em que tais conceitos são mobilizados por Wittgenstein, que é gramatical, tal como ele a caracteriza. Nesse sentido, o principal objetivo atingido nesta obra foi defender que há, na verdade, uma continuidade marcante na maneira como Wittgenstein trata a ética, na medida em que, mesmo no seu momento filosófico tardio, a ética permanece circunscrita ao domínio do valor e se diferencia, assim, do domínio empírico ou científico.

Nesse contexto, o principal mérito desta obra, produzida entre os anos pandêmicos de 2020-2022 no Programa de Pós-Graduação da Universidade Federal de Santa Catarina, é trazer uma discussão praticamente inédita sobre essa questão. No sentido de que este é um estudo que situa a questão da ética na obra de Wittgenstein de maneira alinhada às mais recentes abordagens sobre a sua obra, isto é, enfatizando o seu aspecto de continuidade.

LISTA DE ABREVIAÇÕES

BB	O Livro azul e o livro castanho
CE	Conferência sobre Ética
FPF	Filosofia da Psicologia: Fragmentos
IF	Investigações Filosóficas
NB	Cadernos 1914-1916
TLP	*Tractatus logico-philosophicus*
Z	Fichas (*Zettel*)

SUMÁRIO

INTRODUÇÃO 19

CAPÍTULO I
ÉTICA E LINGUAGEM NO *TRACTATUS LOGICO-PHILOSOPHICUS* 25
   1.1 Antecedentes da Teoria Pictórica 25
   1.2 A Teoria Pictórica de Wittgenstein 27
   1.3 A concepção de necessidade na filosofia da lógica do *TLP* 32
       1.3.1 Congruência entre os limites do mundo e da lógica 39
   1.4 A distinção entre dizer e mostrar 41
   1.5 A ética do *TLP* 43
       1.5.1 Implicações da distinção entre dizer e mostrar para a ética 50
   1.6 A Ética no *TLP*: entre as leituras tradicional e resoluta 56
   CONCLUSÃO DO CAPÍTULO I 63

CAPÍTULO II
AJUSTES PÓS-*TRACTATUS* E LEITURA CONVENCIONAL 65
   2.1 Problema das Cores 65
   2.2 Conferência sobre Ética 69
   2.3 A leitura convencional 73
   CONCLUSÃO DO CAPÍTULO II 82

CAPÍTULO III
CRÍTICA À LEITURA CONVENCIONAL: A CONTINUIDADE DA CONCEPÇÃO DE ÉTICA DE WITTGENSTEIN 85
   3.1 A concepção de jogos de linguagem 85
       3.1.1 Surgimento da analogia do jogo 85
       3.1.2 A ética no contexto da reorientação metodológica de Wittgenstein a partir da concepção de jogos de linguagem 89
   3.2 A concepção de semelhanças de família 94
       3.2.1 Precisão e vagueza conceitual: a concepção de definição real 94
       3.2.2 Precisão e vagueza conceitual: a concepção de semelhanças de família ... 99
       3.2.3 Precisão e vagueza: o ponto de Wittgenstein 104
       3.2.4 Semelhanças de família e ética 107
       3.2.5 Excurso: A Conferência sobre Ética 120

3.3 A concepção de forma(s) de vida..127
    3.3.1 A interpretação antropológica e a leitura convencional................... 129
    3.3.2 A interpretação no singular e a concepção de ética de Wittgenstein...... 144

CONCLUSÃO..155

REFERÊNCIAS 157

INTRODUÇÃO

A raridade dos comentários sobre ética em Wittgenstein é reconhecida tanto no número de ocorrências sobre o tema quanto no desenvolvimento que nelas Wittgenstein lhes dá. Essas observações são, na maioria das vezes, diretas, curtas e, por isso, um pouco obscuras[1]. A única exceção a esse padrão é a *Conferência sobre Ética* (*CE*), em que Wittgenstein de fato se debruça de maneira um pouco mais detalhada sobre a questão. Mais tarde, na sua obra *Investigações Filosóficas* (*IF*) a situação não é tão diferente. Há apenas uma menção direta à ética – e à estética – encontrada no parágrafo 77. Além dessa, duas menções aos usos das palavras "bom" e "mau", nesse mesmo parágrafo e em *IF* 304. Mesmo nesses lugares, porém, Wittgenstein aborda a questão apenas de maneira secundária a partir do eixo das suas discussões sobre linguagem e método. No parágrafo 77 das *IF*, por exemplo, Wittgenstein continua a discussão iniciada em *IF* 65, em que ele começa sua argumentação acerca da concepção de semelhanças de família. Já o parágrafo *IF* 304 se insere na análise do uso descritivo/proposicional da linguagem para a descrição de estados internos, em que Wittgenstein novamente problematiza a ideia de linguagem monofuncional. De fato, essas conclusões têm implicações importantes para a ética. Apesar disso, elas parecem atestar o papel coadjuvante que a ética representaria na filosofia de Wittgenstein.

Essa quase ausência de discussões diretas sobre a ética nas *IF* deu origem a uma leitura convencional[2] sobre a questão. Para, de certa forma, tentar suprir a pouca frequência dos comentários de Wittgenstein sobre a ética, essa leitura parte da concepção de linguagem de Wittgenstein – e do

---

[1] No *TLP*, por exemplo, na metade do grupo de aforismos 6 há um conjunto de comentários sintéticos, obscuros e de difícil interpretação sobre a ética, a vontade, o místico e o sentido da vida. O sintetismo, e dificuldade, no trato com esses aforismos é brevemente aliviado com a leitura dos seus *NB*. De que, na verdade, Wittgenstein fizera uma seleção para o *TLP*. Lá encontramos os mesmos comentários que aparecem nesta obra com uma expressão levemente alterada e ainda alguns outros que elaboram um pouco mais as conexões conceituais pertinentes ao tema, mas que Wittgenstein, por alguma razão, decidira omitir no *TLP*.

[2] Os textos tomados por nós como fonte da leitura convencional são: a entrada ÉTICA em GLOCK, Hans-Johann. **Dicionário Wittgenstein**. Rio de Janeiro: Jorge Zahar Editor, 1998; REDPATH, Theodor. Wittgenstein and Ethics. *In*: AMBROSE, Alice; LAZEROWITZ, Morris (ed.). **Ludwig Wittgenstein: philosophy and language**. London: Routledge, 1972. p. 95-119; RHEES, Rush. Some developments in Wittgensteins ethics. **The Philosophical Review**, v. 74, n. 1, p. 17-26, 1965; RHEES, Rush. Ethical reward and punishment. *In*: GAITA, Raimond (ed.). **Value and Undestanding**. London: Routledge, 1990. p. 179-193; WALKER, Jeremy. Wittgenstein's earlier ethics. **North American Philosophical Publications**, v. 5, n. 4, p. 219-232, 1968.

seu desenvolvimento – para analisar possíveis implicações para o desenvolvimento da sua concepção de ética. Em outras palavras, ela atribui a Wittgenstein uma concepção de ética projetada a partir de concepções que ele desenvolve para discutir a natureza da linguagem. A conclusão à qual esta leitura chega é que há uma mudança na concepção de ética de Wittgenstein, a qual é desencadeada como subproduto das mudanças na sua concepção de linguagem[3]. Em especial, a partir do desenvolvimento das concepções de jogos de linguagem, semelhanças de família e formas de vida. Com isso esta leitura admite uma prioridade conceitual da concepção de linguagem de Wittgenstein sobre a sua concepção de ética.

O objetivo principal deste livro é discutir como as principais concepções apresentadas nas *IF* por Wittgenstein se harmonizam com a sua compreensão sobre a natureza da ética em seus escritos anteriores, notadamente, o *Tractatus logico-philosophicus* (*TLP*[4]) e os *Diários* 1914-1918 (*NB*). Esse esforço requererá, naturalmente, atacar os pressupostos teóricos e metodológicos de leituras tais como a convencional, que simplesmente projetam sobre a questão da ética uma certa visão da filosofia de Wittgenstein. Segundo julgo, esta leitura ofusca os (raros) comentários positivos que Wittgenstein fornece sobre a ética nos escritos acima mencionados. Em sentido contrário, acredito que tais comentários devem ser priorizados e apenas comparados com outras concepções relevantes. Como resultado da nossa orientação metodológica mostrarei que há, na verdade, uma recontextualização da concepção de ética de Wittgenstein no horizonte desses novos conceitos.

Acredito que isso pode ser defendido mesmo que Wittgenstein abandone posteriormente a terminologia do sujeito transcendental que ele emprega no *TLP*. A continuidade é revelada se nos concentrarmos na ética como uma capacidade de valoração.

Os comentários de Wittgenstein que afirmo que devem ser priorizados são feitos *TLP*, nos *NB* e na *CE*. Nessas obras, Wittgenstein defende uma concepção transcendental de ética, segundo a qual não há proposições

---

[3] Apesar de esses textos terem sido escritos há alguns anos, a posição defendida por essa leitura – de que há mudanças significativas na concepção de ética de Wittgenstein – ainda vigora. Para um exemplo disso, *cf.* GUNNELL, John. Wittgenstein: Values, Normative Inquiry, and the Problem of "Criticizing from Outside". In: BEVIR, Mark.; GALISANKA, Andrius (ed.). **Wittgenstein and Normative Inquiry**. Leiden, Boston: Brill, 2016. p. 49-70.

[4] Para os textos fonte de Wittgenstein, adoto a forma convencional de citação da literatura secundária. Elas são feitas a partir de abreviações das referidas obras seguidas de número de aforismo, parágrafo ou página; como no caso da *Conferência sobre Ética*. Já as referências aos *Diários* serão feitas a partir da data da referida entrada.

éticas, porque aquilo de que a ética trata, os valores, não é redutível ao conteúdo factual, único que pode ser colocado em proposições. A análise que farei dessa concepção[5] beneficiar-se-á de comparações que Wittgenstein formula entre ética e a lógica enquanto domínios transcendentais. Isso exigirá evidentemente passar por uma considerável discussão sobre o estatuto da lógica e de suas "proposições" no *TLP*.

De particular importância para a viabilidade desse argumento será a ênfase que colocarei na distinção entre dizer e mostrar. A sua contribuição no argumento é principalmente operar uma separação entre tipos de expressões, em que as expressões de necessidade lógica possuem um estatuto especial, diferentemente das proposições empíricas convencionais[6]. Concluirei, assim, que se Wittgenstein assegura para as proposições da lógica um estatuto positivo no *TLP*, a partir da comparação que ele constrói entre ética e lógica, segue-se que o mesmo deve valer para as proposições éticas. A elas também deve ser atribuído um estatuto especial de proposições sem sentido, mas não de contrassensos.

Ao considerar o *TLP* como obra completa e coerente, é razoável que também nos seja exigido um comentário sobre as duas linhas principais de interpretação do *TLP*, a saber, as leituras tradicional e resoluta. Com efeito, foge aos nossos objetivos tentar recuperar todos os pontos em que as leituras levam a cabo o seu projeto de compreender o *TLP*. Por isso, não pretendo fornecer um panorama completo de cada uma dessas interpretações nem das críticas detalhadas que elas trocam. Não obstante, uma certa tomada de posição com relação a essa distinção define tais interpretações em muitos sentidos e isso carrega importantes implicações para analisar o lugar da ética no contexto da obra. Pretendo demonstrar que ambas as leituras apresentam certas insuficiências explicativas para a compreensão dessa distinção e, consequentemente, da ética e da lógica.

---

[5] Essas proposições são *TLP* 6.41 até 6.43

[6] Decerto, pode-se comentar que a função da distinção entre dizer e mostrar no *TLP* não se resume a tal diferenciação. Mais que isso ela possui uma função com importante implicação ética, a saber, a de livrar-nos de concepções metafísicas dogmáticas e desencaminhadoras. Isso porque tal distinção denuncia o mau entendimento acerca da natureza da nossa linguagem em que proposições filosóficas tradicionais se assentam. No entanto, não abordarei essa implicação em detalhes, porque isso demandaria um *détour* considerável na minha linha de argumentação eventualmente comprometendo a sua compressão. Certamente, as *IF* nos oferecem discussões que a cada leitura aparecem cada vez mais interrelacionadas, podendo ser separadas apenas pelos cortes artificiais que por vezes devemos fazer na pesquisa acadêmica para viabilizar a pesquisa de maneira objetiva. De todo modo, para aprofundamento nesse assunto recomendo: DALL'AGNOL, D. **Seguir Regras: Uma introdução às Investigações Filosóficas de Wittgenstein**. Pelotas: Ed. da UFPel, 2011; NASCIMENTO, M. C. do. ASPECTOS Éticos da Atividade Filosófica no Tractatus de Wittgenstein. **Occursus - Revista de Filosofia**, Fortaleza, v. 5, n. 1, p. 29-51, 2020.

Todos os argumentos até então mencionados constituirão o Capítulo 1 do livro. No Capítulo 2, voltar-me-ei em um primeiro momento para uma das primeiras questões conceituais que levam Wittgenstein a entrever a necessidade de uma reorientação metodológica que se consumará nas *IF*, a saber, o problema das cores. Além disso, tais mudanças metodológicas fornecem o conteúdo principal do argumento da leitura convencional.

Em seguida, comentarei alguns dos argumentos que Wittgenstein mobiliza na *CE*. Essa conferência marca um momento importante no desenvolvimento filosófico de Wittgenstein, pois ela se encontra em um "período de transição", a partir do qual muitos pontos já podem ser levantados para discutir se há ou não uma mudança efetiva na sua concepção de ética. Por fim, apresentarei os argumentos da leitura convencional. Especificamente, como ela considera a relação entre as concepções de ética e linguagem no *TLP* e em os outros escritos de Wittgenstein – *CE* e as *IF* – a partir da já mencionada perspectiva de subordinação conceitual.

No Capítulo 3, farei uma análise das concepções que, de acordo com a leitura convencional, são responsáveis pela mudança na concepção de ética de Wittgenstein. Nossa ênfase recairá, em particular, sobre as concepções de jogos de linguagem, semelhanças de família e forma(s) de vida[7]. Com isso, nosso objetivo é demonstrar que a mudança defendida por essa leitura não se segue necessariamente dessas concepções. Em sentido contrário, elas fornecem apenas um novo contexto conceitual em que, não obstante, a concepção de ética de Wittgenstein é reafirmada.

No final da seção 2 do Capítulo 3, em que discutirei a concepção de semelhanças de família, farei um breve excurso retornando à *CE*[8]. Decerto, por motivos de proximidade temática, eu poderia tê-la colocado no segundo Capítulo, no qual há uma seção dedicada à *CE*. No entanto, nosso argumento analisa o quão próximo Wittgenstein está nesse texto da sua fase filosófica de maturidade e qual a implicação disso para a sua concepção de ética. Ele depende, portanto, de uma compreensão dos conceitos relevantes dessa fase, coisa que só será alcançada no Capítulo 3. Analisarei criticamente o argumento da leitura convencional, segundo o

---

[7] Com efeito, há outras concepções nas *IF* que podem apresentar importantes implicações para a discussão da concepção de ética de Wittgenstein, por exemplo, a questão de ver aspectos. Naturalmente, não seria possível dar conta de todos eles e de suas respectivas implicações. No entanto, a razão principal para concentrarmo-nos nessas três concepções e suas implicações é de ordem bibliográfica. Para a leitura convencional, são elas as principais causas de mudança na concepção de linguagem de Wittgenstein e, consequentemente, na de ética.

[8] *Cf.* 3.2.5: Excurso: a Conferência sobre Ética.

qual já é possível nesse texto perceber elementos de ruptura na concepção de ética de Wittgenstein, a partir dos elementos de mudança com relação à sua concepção de linguagem também presentes nesse texto. Concordo com essa leitura neste último ponto. De fato, é possível identificar elementos de mudança na sua concepção de linguagem. Porém, sustento que isso não implica em uma mudança na sua concepção de ética.

Ainda é necessário fazer um último comentário estrutural. Ele diz respeito à maneira como a *CE* será utilizada. Mobilizarei algumas passagens dessa conferência já no momento da exposição da concepção tractariana de ética no Capítulo 1. Isso pode sugerir que incorro em uma petição de princípio, afinal, assim assumiria de antemão que esse texto corrobora a nossa hipótese de continuidade. Infelizmente, porém, uma exposição detalhada da concepção de ética do *TLP* parece-me incompleta sem recorrer a alguns trechos da *CE*, que possuem grande teor explicativo; principalmente considerando-se a brevidade de comentários de Wittgenstein mencionada no começo. Peço, portanto, que o(a) leitor(a) tenha paciência e caridade para com a nossa abordagem e aguarde até a exposição dos argumentos sobre a *CE* no Capítulo 2[9].

Em suma, a partir desses argumentos, defenderei que Wittgenstein ao longo do seu desenvolvimento filosófico continua sustentando que a ética diz respeito a uma questão de valoração e que suas novas intuições conceituais recontextualizam ou, ainda, reafirmam tal concepção em um forte traço de continuidade.

---

[9] O mesmo vale para as referências a outros escritos de Wittgenstein posteriores ao *TLP* que forem eventualmente citados no primeiro capítulo como reafirmação da sua concepção de ética.

CAPÍTULO I

ÉTICA E LINGUAGEM NO *TRACTATUS LOGICO-PHILOSOPHICUS*

1.1 Antecedentes da Teoria Pictórica

As discussões acerca do simbolismo são herdadas por Wittgenstein a partir do formalismo lógico de Bertrand Russell e Gottlob Frege[10]. Nesse contexto, a função primordial, para a qual a teoria pictórica foi concebida, é a resolução de alguns problemas que, para Wittgenstein, tinham sido deixados sem resposta satisfatória pelos seus predecessores[11]. Os principais são (1) a questão da completude do sentido proposicional e (2) a da possibilidade da negação.

Essa insatisfação decorre principalmente do fato de que tanto Frege quanto Russell tentaram lidar com essas questões recorrendo a um expediente conceitual externo à estrutura lógica interna da proposição para suprir uma suposta falta de assertividade do seu sentido[12]. Para Frege, as proposições não são entidades simples, mas possuem duas partes determinadas: o argumento e a função[13]. Uma função é a parte da estrutura que permanece invariável, enquanto uma outra parte, o argumento, varia[14].

Como afirma Peter Sullivan[15], esse movimento é voltado para considerar as proposições como elementos de uma classe de proposições; para

---

[10] CONANT, J. Must we show what we cannot say? *In:* FLEMMING, R.; PAYNE, M. (org.). **The Senses of Stanley Cavell**. Lewisburg: Bucknell University Press, 1989. p. 258.

[11] HINTIKKA, M. B.; HINTIKKA, J. **Uma investigação sobre Wittgenstein**. Tradução de Enid Abreu Dobránszky. Campinas, SP: Papirus Editora, 1993. p. 123; SEGATTO, A. I. **Wittgenstein e o problema da harmonia entre pensamento e realidade**. São Paulo: Editora UNESP, 2015. p. 18-9. *E-book*.

[12] HINTIKKA; HINTIKKA, 1993, p. 130; SEGATTO, 2015, p. 23.

[13] FREGE, G. **Conceitografia**. Tradução de Paulo Alcoforado; Alessandro Duarte; Guilherme Wyllie. Seropédica, RJ: Editora do PPGFIL-UFRRJ, 2018. §9. *E-book*.

[14] Segundo Peter Sullivan, essa divisão proposta por Frege representa o cerne da sua contribuição para a lógica (SULLIVAN, Peter. Frege's Logic. *In:* GABBAY, Dov. M.; WOODS, John (ed.). **Handbook of the History of Logic, vol. 3**: The Rise of Modern Logic from Leibniz to Frege. Amsterdam; Boston: Elsevier, 2004, p. 666).

[15] SULLIVAN, P. Frege's Logic. *In:* GABBAY, D. M.; WOODS, J. (org.). **Handbook of the History of Logic, vol. 3:** The Rise of Modern Logic from Leibniz to Frege. Amsterdam; Boston: Elsevier, 2004. p. 694-5.

Frege, isso é essencial, uma vez que visa a dar conta da resposta acerca de proposições envolvendo quantificadores. Assim, por exemplo, proposições do tipo (a) "alguém matou Cato" serão verdadeiras se a classe de proposições (b) "x matou Cato" tiver, pelo menos, um membro substituível como argumento de x. Sendo assim, Frege concebe (b) como uma possível instância de (a), mostrando que o "papel lógico das proposições, segundo a concepção fregiana [sic], é o mesmo papel de um argumento para uma função[...]"[16].

O problema dessa estratégia, porém, é que ela imprime a lógica do funcionamento dos nomes para as proposições. Como um argumento não pode privilegiar um determinado valor, as proposições não podem privilegiar um determinado valor de verdade – Frege acreditava que as proposições denotavam valores de verdade. Com a falta do elemento assertivo, as proposições carecem de uma função representativa de possíveis estados de coisa na realidade. Para resolver isso, Frege é levado a postular a barra de juízo. Essa barra tem a função de suprir a falta desse elemento de assertividade representando arbitrariamente um valor de verdade verdadeiro. Além disso, ela também serve para relacionar os elementos constituintes do juízo, garantindo que eles formem um todo articulado[17].

A teoria do juízo de Russell – qualquer que seja a sua versão – também objetiva sanar essas mesmas dificuldades. Russell, por outros caminhos, também chega à interpretação da proposição como função dos seus elementos constituintes e, com isso, também à conclusão (problemática) de que o símbolo proposicional precisaria de algo a mais para garantir a sua completude[18]. A estratégia de Russell se baseia em uma metafísica composicionalista, cuja intenção parece revelar de maneira mais clara do que em Frege uma preocupação em assegurar a dimensão representacional da proposição. Isso porque a sua teoria do juízo é formulada no seio da sua argumentação em favor de uma teoria da verdade como correspondência[19]. Na sua segunda versão de 1912, isso é garantido postulando-se uma relação judicante que organiza termos que existem em separado e que partiria de um sujeito de crença. Assim, por exemplo, a crença de que "Desdêmona ama Cássio" – da estrutura aRb – só pode adquirir potencial

---

[16] SEGATTO, 2015, p. 23.
[17] FREGE, 2018, §2.
[18] IRVINE, 2009, p. 6.
[19] Mais sobre isso, cf. NASCIMENTO, Matheus C. Teorias da verdade como correspondência. **Pólemos**, v. 9, n. 18, p. 293-314, 2020.

representativo se existir um *S* que mantenha relação com cada um de seus elementos em uma certa ordem. A noção de fato entra aqui via um realismo ontológico e é concebida como a entidade à qual um juízo corresponde na realidade quando verdadeiro[20]. Ou seja, o juízo é considerado verdadeiro se, do lado ontológico, existe um outro complexo formado apenas por *aRb* ao qual ele corresponde.

Um dos problemas dessa alternativa é que ela só posterga o problema, porque nem a relação judicante nem a relação interna entre os complexos têm capacidade de explicar como se estabelece a relação de correspondência entre o complexo linguístico e o complexo ontológico – estado de coisas[21]. Além disso, mesmo afirmando que essa relação possui um sentido, isto é, uma ordem, ela sozinha não consegue explicar como outras possibilidades combinatórias devem ser preteridas. Sejam elas lícitas, por exemplo, *bRa*, ou contrassensuais, como RRb[22]. Isso levou Russell a postular uma teoria dos tipos, isto é, uma teoria que colocasse regras para um simbolismo correto em que nomes de certos tipos lógicos não pudessem ser combinados de maneiras a gerar contrassensos.

Com efeito, Wittgenstein concebia conceitos básicos, como o de proposição, à maneira desses dois filósofos, ou seja, como uma função dos seus termos constituintes[23]. Porém, para resolver o problema em questão foi necessário ressignificar a interpretação que Frege e Russell lhes deram.

1.2 A Teoria Pictórica de Wittgenstein

Wittgenstein não ficara satisfeito com as soluções de ambos os seus predecessores. Para ele, a capacidade representativa das proposições deve residir na sua própria estrutura lógica interna e isso seria explicado pela teoria pictórica. Para isso, Wittgenstein combina as influências supra com uma influência recebida do físico Heinrich Hertz. Suas visões metodológicas sobre a tarefa da física como construtora de modelos da realidade teriam influenciado a concepção de Wittgenstein de proposição elementar como espelho ou modelo de uma parte da realidade[24].

---

[20] RUSSELL, B. Truth and Falsehood. *In:* LYNCH, M. (org.). **The Nature of Truth:** Classical and Contemporary Perspectives. Cambridge, MA: MIT Press, 2001. p. 22-3.

[21] POTTER, M. The Logic of The Tractatus. *In:* GABBAY, D. M.; WOODS, J. (org.). **Handbook of the History of Logic, vol. 5.** Amsterdam: North-Holland, 2009. p. 260.

[22] GLOCK, H.-J. **Dicionário Wittgenstein.** Rio de Janeiro: Jorge Zahar Editor, 1998, p. 351.

[23] *TLP* 3.318.

[24] HACKER, P. M. S. **Insight and Illusion:** Themes in the Philosophy of Wittgenstein (Revised Edition). Oxford: Clarendon Press, 1986. p. 2-3.

Essa teoria tenta justificar a possibilidade da representação proposicional a partir da ideia de um isomorfismo estrutural entre representante (proposições) e representado (estados de coisas). Ou seja, as proposições e os possíveis estados de coisas por elas representados compartilhariam uma estrutura em comum, a saber, a forma da afiguração[25]. Nesse sentido, toda figuração é um modelo de uma relação possivelmente existente na realidade[26]. Uma vez que o que é representado tem a mesma forma que nossos mecanismos linguísticos representacionais, isso significa que seus elementos são respectivamente substituíveis[27]. Assim, se a figuração é complexa e constituída por termos simples, o que ela representa também deve ser algo complexo e constituído por partes simples[28]. No complexo linguístico, a figuração é constituída por "nomes" ou "sinais primitivos"[29]. Estes possuem, no complexo ontológico, termos simples correlatos – chamados objetos simples. O complexo linguístico, portanto, representa o complexo ontológico em nível atômico, isto é, na sua configuração de objetos.

Apesar de os complexos ontológicos serem necessariamente constituídos de objetos, estes não possuem qualquer "prioridade" sobre aqueles. Qualquer autonomia que os objetos tenham em relação aos estados de coisas deriva não de uma existência independente, mas da possibilidade lógica de o objeto tomar parte desse ou daquele estado de coisas[30]. Portanto, é constituinte da estrutura lógica dos objetos que eles tomem parte em estados de coisas[31]. Isto é, se nos é possível imaginar o objeto tomando parte em um estado de coisas, não nos é imaginar quaisquer objetos por si só fora de quaisquer de estados de coisas[32]. Por esses motivos, Wittgenstein afirma que o mundo é constituído por entidades complexas e não por objetos desagregados[33].

Para Wittgenstein, os estados de coisas hipotéticos que constituem esses complexos são representados por proposições; eles também correspondem ao seu sentido[34]. Com isso, Wittgenstein considera que ambas as

---

[25] *TLP* 2.16-7.
[26] *TLP* 2.12, 2.1512.
[27] *TLP* 2.131.
[28] *TLP* 2.13.
[29] *TLP* 3.26.
[30] *TLP* 2.0122.
[31] *TLP* 2.011, 2.0141.
[32] *TLP* 2.013.
[33] *TLP* 1.
[34] *TLP* 2.221.

possibilidades, a obtenção ou a não obtenção de estados de coisas, sejam concebíveis no pensamento. Isso significa que, para ele, a bipolaridade é uma condição essencial para uma proposição bem construída[35]. O motivo disso é o fato de Wittgenstein considerar que a concordância ou não com a realidade é algo verificado *a posteriori* e, portanto, algo que está para além do domínio da lógica. Esse ponto sobre o escopo da lógica e dos conceitos lógicos ficará claro na próxima seção. Por ora, é necessário apenas dizer que ao conceito lógico de figuração só interessa que ela contenha a possibilidade do que ela represente[36]. Tal como as figurações, portanto, o valor de verdade determinado do sentido de uma proposição é meramente possível, e não necessariamente verdadeiro ou necessariamente falso[37].

É por esse motivo que, embora os comentários de abertura do *TLP* possuam um tom marcadamente ontológico, eles não consistem na formulação de uma visão metafísica positiva sobre a estrutura última do mundo. Wittgenstein afirma explicitamente que o seu método consiste na análise da forma lógica[38]. Para ele, no *TLP* os fatos, objetos simples, a substância do mundo e assim por diante, são assumidos como exigências lógicas para a determinação do sentido e para a reconstrução da ordem lógica já presente na linguagem. Por esse motivo, os comentários dos parágrafos anteriores sobre os aforismos de abertura do *TLP* devem ser compreendidos como versando sobre formas puramente vazias, conceitos formais, que abrem espaço para o preenchimento por múltiplas possibilidades lógicas[39].

Porém, se essa estratégia deve sanar os problemas deixados pelos seus predecessores, a correlação não pode ser meramente acidental. Nesse caso, também o seria a assertividade da proposição. Como afirma Colin Johnston[40], a concepção wittgensteiniana de proposição não introduz meramente a ideia de que nela o sentido ou pensamento é colocado em palavras via correlação entre seus elementos. Ou seja, isso não significa uma escolha acidental ou deliberada de exprimir sentido por meio de

---

[35] *TLP* 4.023.
[36] *TLP* 2.203.
[37] *TLP* 2.201, 3.31.
[38] *TLP* 4.1121.
[39] HUTTO, D. D. **Wittgenstein and the end of philosophy:** Neither theory nor therapy. London: PALGRAVE MACMILLAN, 2003. p. 54; PERUZZO JÚNIOR, L. **Realidade, Linguagem e Metaética em Wittgenstein**. Curitiba: PUCPRESS, 2018. p. 35.
[40] JOHNSTON, C. The Picture Theory. *In:* GLOCK, H.-J.; HYMAN, J. (org.). **A companion to Wittgenstein**. Hoboken: Wiley Blackwell, 2017. p. 142.

proposições[41]. O teor do comprometimento que a teoria pictórica tem vai além disso. A sua correlação é pautada em um isomorfismo ou congruência estrutural entre os complexos dos dois tipos: linguístico – proposições – e ontológico – estados de coisas[42]. O que isso significa é que descrever situações é tarefa exclusiva das proposições e só as proposições podem executar essa tarefa.

Em contrapartida, as proposições não podem querer representar nada que não seja um congruente formal interno de uma estrutura de sentido. A lógica de autodeterminação interna do seu sentido não está programada para isso. A conclusão desse alinhamento entre proposições e pensamento projetivo via congruência estrutural é o fato de que os limites do que pode ser pensado projetivamente e do que tem sentido são congruentes com os limites do que pode ser dito[43]. Sendo assim, isso significa que pensar projetivamente significa pensar algo contingente[44].

Essa estratégia de Wittgenstein também tem várias vantagens. Primeiro, como já dito, ela consegue lidar com o problema da completude do sentido proposicional sem recorrer a elementos adicionais. Uma vez que o fato de a proposição ter capacidade representativa se explica por ela espelhar uma configuração possível de objetos. Segundo, ela também elabora uma dupla rejeição de formações contrassensuais. Construções do tipo *RRb* não são apenas ilegítimas, mas logicamente inválidas, pois a forma segundo a qual a realidade é logicamente dividida é de uma concatenação de objetos[45]. E, se os estados de coisas e as proposições são isomórficos, é impossível que uma proposição possa concatenar algo que não tenha a forma de um estado de coisas. É isso que Wittgenstein quer dizer quando afirma que "O que é pensável é também possível"[46].

Terceiro, ela faz pressuposições bem mais flexíveis que a de Russell, que é obrigado a formular outra teoria para cancelar construções contrassensuais, a teoria dos tipos[47]. Isso porque as regras da sintaxe lógica

---

[41] Embora definitivamente um elemento intencional esteja envolvido (HACKER, Peter. M. S. **Insight and Illusion:** Themes in the Philosophy of Wittgenstein [Revised Edition]. Oxford: Clarendon Press, 1986. p. 100).
[42] JOHNSTON, 2017, p. 141.
[43] *TLP* 4.116.
[44] TECHIO, J. Solipsism and the Limits of Sense in the Tractatus. **Philosophical Topics**, Arkansas, v. 42, n. 2, p. 339-369, 2014.
[45] *TLP* 2.01.
[46] *TLP* 3.03, *Cf.* também *TLP* 3.03-321.
[47] GLOCK, 1998, p.351.

concentram-se nos aspectos sintáticos da construção de uma proposição[48]. Isto é, as regras da sintaxe lógica antecipam apenas a forma segundo a qual o sentido das proposições é construído[49]. Ela não visa a antecipar quais nomes podemos combinar entre si e quais não podemos para figurar uma determinada situação possível. Para isso, ela pressupõe apenas que o princípio de substituição funcione[50]. Isto é, que nomes em proposições possam servir de *proxys* para objetos concatenados em situações possíveis. Por isso, não há a pressuposição de que haja um fato correspondente a eles. Isso significa que a proposição projeta uma situação – isto é, tem sentido – independentemente de ela ocorrer ou não[51].

A implicação da teoria pictórica é de que qualquer proposição de qualquer linguagem pode ter sentido desde que nós atribuamos significados aos seus elementos constituintes, de forma que, em última análise, a forma linguística esteja vinculada a um estado de coisas[52]. Isso significa que as proposições de linguagens científicas, mas também da linguagem cotidiana são legítimas. No caso destas, o que torna por vezes obscura a identificação de um sentido é a complexidade e multiplicidade de formas em que é possível construir proposições[53].

Com efeito, se toda linguagem com sentido é descritiva, como Wittgenstein consegue assegurar um lugar para, por exemplo, as proposições da lógica ou as expressões éticas no contexto da sua teoria pictórica? Intuitivamente, parece que a única solução seria concebê-las em um sentido parecido, isto é, como fazendo projeções de algum tipo. Afinal, esse movimento de caráter naturalista *avant la lettre* no tratamento da lógica animava muito do espírito filosófico dos seus predecessores. Russell, por exemplo, afirmava que a filosofia deveria ser construída sobre uma base científica, já que a ciência parecia ser mais bem-sucedida que ela. Ele afirma isso na seguinte citação:

> Isso me leva [...] a uma questão de método, a qual eu acredito ser muito importante[...] Parece-me que a ciência possui uma probabilidade consideravelmente maior

---

[48] *TLP* 3.13, 3.33.
[49] *TLP* 3.34.
[50] *TLP* 4.0312.
[51] *TLP* 2.203, 3.02, 4.031. Assim, Wittgenstein também resolve o problema do discurso falso (*Cf.* Apresentação: SANTOS, Luiz H. L.; WITTGENSTEIN, 2017, p. 20).
[52] *TLP* 5.4733
[53] *TLP* 4.11 e 5.5563.

de ser verdadeira no geral do que qualquer filosofia até agora avançada[...] Portanto, embora todas as proposições em uma ciência possam ser falsas [...], seremos sábios em construir nossa filosofia sobre a ciência, pois o risco de erro na filosofia há-de ser com certeza maior que na ciência[54].

Frege, nessa mesma linha, concebia a tarefa filosófica de buscar por definições e a tarefa de um químico, ambas de maneira análoga. Isso porque ambas deveriam ocupar-se da reconstrução de elementos mais simples até os mais complexos[55].

Como veremos, porém, esse foi novamente um ponto de insatisfação de Wittgenstein com relação a eles. Para ele, a investigação lógica – ou a filosofia, o que representava para ele então virtualmente a mesma coisa – deve ser diferente das ciências naturais. Isso significa que as proposições da lógica não podem ser descrições e só podem se relacionar com a teoria pictórica como exceção. Coisa que parece bastante natural, afinal, como vimos, a teoria pictórica não é uma teoria do significado, mas uma teoria da função descritiva da linguagem que é também a sua essência. Discutirei essa questão mais detalhadamente na próxima seção, a qual será também crucial para conferir um tratamento positivo para a ética no *TLP*.

1.3 A concepção de necessidade na filosofia da lógica do *TLP*

A concepção de necessidade presente no *TLP* deriva da forma como Wittgenstein acomoda as "proposições lógicas" no quadro conceitual da sua teoria pictórica. Como veremos, isso resulta em uma concepção de necessidade estritamente lógica. Wittgenstein também caracteriza a lógica como transcendental[56]. Por esse motivo, farei um breve excurso no

---

[54] RUSSELL, B. **The Philosophy of Logical Atomism.** London and New York: Routledge, 2010b. p. 145, tradução nossa.

[55] Em *Foundations of Geometry*, Frege compara o trabalho do lógico ou do filósofo com o do químico. Assim como a análise química, a análise lógica também deveria desmontar definições em seus elementos mais simples: "As atividades mentais que levam à formulação de uma definição podem ser de dois tipos: analítico ou sintético. Isso é similar às atividades do químico, que ou analisa uma dada substância em seus elementos ou deixa certos elementos combinarem-se para formar uma nova substância" (tradução nossa). Original: "The mental activities leading to the formulation of a definition may be of two kinds: analytic or synthetic. This is similar to the activities of the chemist, who either analyses a given substance into its elements or lets given elements combine to form a new substance" (FREGE, Gottlob. **Collected Papers on Mathematics, Logic, and Philosophy.** Tradução de Max Black *et al*. New York: Basil Blackwell, 1984. p. 302).

[56] *TLP* 6.13.

final desta parte para comentar a relação da sua concepção de lógica com esse termo que é bastante carregado de associações filosóficas.

Como vimos, segundo a teoria pictórica, há uma relação direta entre a propriedade projetiva das proposições e a sua bipolaridade. A exceção a essa regra parece ser o caso das proposições da lógica. Proposições do tipo são ou tautologias, como "$p \vee \sim p$", ou contradições, como "$p \;\&\; \sim p$". Nelas os valores de verdade resultantes dos operadores lógicos são ou sempre verdadeiros ou sempre falsos, respectivamente. Isso, a princípio, parece problemático para a noção de proposição enquanto figuração da realidade. Pois para uma proposição ser verdadeira – ou falsa – é necessário que a comparemos com a realidade e, portanto, é impossível que haja proposições verdadeiras – ou falsas – *a priori*[57].

O que parece ser problemático nessa caracterização, porém, se deve a uma imprecisão terminológica. Pois "proposições lógicas", para Wittgenstein, não são proposições no sentido genuíno. Isso, novamente, pode ser identificado em insatisfações filosóficas que Wittgenstein sentia com relação à caracterização metalógica que seus predecessores conferiam a essa disciplina. Segundo ele, por exemplo, o uso de axiomas feito por Russell envolve certos pressupostos e intenções metafísicas problemáticas. Para compreender melhor a réplica de Wittgenstein a eles é necessário comentar brevemente sobre o programa logicista de Russell.

Um dos objetivos do programa logicista de Russell era provar que a lógica e a matemática pura são idênticas[58]. Contudo, em 1901, pouco antes de publicar o *Principle of Mathematics*, ele descobre que sua primeira tentativa para levá-lo a cabo estava sujeita ao paradoxo de autorreferência que agora leva o seu nome. Para superá-lo, ele formula a teoria dos tipos[59]. Seu papel é criar restrições para todo e qualquer simbolismo de modo que a referência de uma função seja sempre de um tipo lógico superior ao de seus argumentos, criando, assim, uma hierarquia[60]. Inicialmente, porém, essa teoria não tinha a capacidade de derivar sozinha uma teoria dos números – que ele identifica como classes de classes[61]. Pois, se o número

---

[57] TLP 2.225.
[58] RUSSELL, B. **Introdução à Filosofia Matemática**. Tradução de Giasone Rebuá. 4. ed. Rio de Janeiro: Zahar, 1981. p. 187; RUSSELL, B. **Principles of Mathematics**. London: Routledge, 2010a. p. XXXI.
[59] IRVINE, 2009, p. 7-9.
[60] *Ibidem*, p. 12-3.
[61] WHITE, R. M. Logic and The Tractatus. *In:* GLOCK, H.-J.; HYMAN, J. (org.). **A companion to Wittgenstein**. Hoboken: Wiley Blackwell, 2017. p. 293.

de indivíduos do nível mais baixo da hierarquia fosse finito, haveria apenas um número finito de conjuntos em cada estrato superior. Nesse caso, cardinais excedentes a esse número finito corresponderiam a classes vazias e isso impediria que eles formassem uma progressão. Para sanar também esse problema, Russell introduz o axioma do infinito com o objetivo de assegurar que o número de indivíduos no mundo seja sempre excedente a qualquer número cardinal indutivo[62].

Vê-se que essa estratégia é vital para o programa de Russell, pois garante a sua coerência. Ela, porém, levanta inevitavelmente o questionamento sobre o estatuto da teoria dos tipos e dos axiomas. Eles são verdadeiros em sentido empírico? Se sim, qual a diferença entre as verdades da lógica e as verdades empíricas etc.? Para Russell, elas difeririam apenas porque as primeiras seriam generalizações verdadeiras e puras expressas apenas por meio de constantes e variáveis [63].

Em carta a Russell de 1913, Wittgenstein critica essa ideia de que as proposições lógicas tenham a dupla capacidade de, por um lado, fazer figurações e, por outro, serem necessárias apenas por serem proposições "da lógica". Sua crítica é direcionada à noção de verdade lógica apresentada pelo uso de axiomas feito por Russell.

> Todas as proposições da lógica são generalizações de tautologias e todas as generalizações de tautologias são proposições da lógica. Não há outras proposições lógicas [...] Uma proposição como "(∃x) . x = x", por exemplo, é na verdade uma proposição da física. [...] cabe então à física dizer se alguma coisa existe. O mesmo vale para o axioma do infinito: se há coisas é uma questão para a experiência determinar[...]"[64].

Ou seja, Wittgenstein acredita que Russell introduz proposições de natureza empírica fantasiadas de proposições lógicas na tentativa de realizar seus objetivos filosóficos. Aquilo que Russell quer afirmar de um ponto de vista lógico, a saber, que existem n coisas, só pode ser decidido pela experiência, pois é, na verdade, uma questão empírica. Por isso, a caracterização que Russell fornece do estatuto dos seus axiomas não é convincente para Wittgenstein. Para ele, a suposição de que uma proposição lógica é verdadeira, porque seu conteúdo é invariavelmente

---

[62] RUSSELL, 1981, p. 128-9.
[63] WHITE, 2017, p. 294.
[64] WITTGENSTEIN, 2008, p. 58, tradução nossa.

correto, é uma contingência do mesmo tipo que aceitar que a proposição "todas as rosas são amarelas ou vermelhas" é sempre verdadeira[65]. Isto é, não parece haver uma razão formal, segundo a qual generalizações não possam ser simplesmente proposições contingentes. Assim, o axioma do infinito tem caráter empírico. Em sentido contrário, Wittgenstein sustenta que se queremos garantir a necessidade para as proposições lógicas, isso deve ser feito a partir da análise da mera forma combinatória dos sinais, portanto, de maneira *a priori*.

Segundo Roger White[66], essa insatisfação com relação à caracterização de Russell sobre a natureza da verdade lógica levou Wittgenstein à sua concepção tractariana de tautologia. Para ele, essas proposições são necessárias, mas sem sentido, pois sua função é meramente "demonstrar propriedades lógicas"[67]. Essa caracterização representa o cerne de toda a filosofia da lógica de Wittgenstein. Portanto, também representa a premissa fundamental para o argumento de que tais proposições são a exceção que confirma a regra da caracterização da figuração.

Contrariamente a Russell, Wittgenstein sustenta que um traço peculiar das proposições da lógica é o fato de que para reconhecê-las e reconhecer o seu valor de verdade é suficiente um exame sobre a própria forma em que seus sinais estão dispostos[68]. Porque, como seus contrários não são concebíveis, seu valor de verdade é decidido *a priori*. No caso da tautologia "$p \vee \sim p$", por exemplo, é possível reconhecer que a proposição como um todo é verdadeira antes mesmo de se atribuir qualquer significado a p. Ao introduzir uma disjunção (v) em "$p \vee \sim p$", queremos dizer que a proposição como um todo será verdadeira caso uma de suas proposições constituintes o seja. Isto é, "$p \vee \sim p$" será verdadeira se p ou sua negação ocorrerem. "$p \vee \sim p$" é, portanto, incondicionalmente verdadeira, porque o é para todos os possíveis valores de verdade de p[69].

Isso não procede, por exemplo, para uma implicação simples como $p \supset q$. Para reconhecer a sua falsidade, por exemplo, não basta que saibamos que p e q são variáveis que podem ser instanciadas por proposições. A implicação material é verdadeira em todos os casos, menos quando o

---

[65] TLP 6.111.
[66] 2017, p.293.
[67] TLP 6.121.
[68] WITTGENSTEIN, 2008, p. 58.
[69] TLP 4.46. Em contrapartida, a contradição "$p \:\&\: \sim p$" é incondicionalmente falsa, porque é falsa para todos os valores de verdade de p.

antecedente é verdadeiro e o consequente é falso. Para identificar quando isso ocorre é necessário saber o que significam "*p*" e "*q*", porque a falsidade resultante da operação dependerá de um cenário específico, qual seja, apenas se *p* for verdadeiro e *q* falso. Portanto, é necessário comparar *p* ⊃ *q* com a realidade.

Segundo Eric Loomis[70], essa caracterização da tautologia a partir de um ponto de vista puramente verofuncional é mobilizada para dar conta de duas noções, a saber, da necessidade e da aprioricidade. As tautologias são necessárias, pois, segundo Wittgenstein, para algo ser necessário sua mera ocorrência deve implicar imediatamente na sua verdade[71]. E são *a priori*, porque basta uma análise sobre a sua forma para reconhecer sua verdade – ou falsidade, no caso da contradição[72].

Todavia, se é a partir da forma como seus sinais são combinados que elas são *a priori* e necessárias, é também por esse motivo que elas não podem veicular sentido[73]. O sentido, que depende da possibilidade de uma proposição ser verdadeira ou falsa, é nelas cancelado pela forma de combinação dos sinais [74]. Se se diz que "chove ou não chove" (*p* v ~*p*) não se veicula nenhum sentido, porque não oferece nenhuma descrição positiva de uma situação possível. Portanto, elas não são nem figurações de possíveis estados de coisas nem proposições generalizantes da forma de proposições das ciências. Por esses motivos, Wittgenstein as caracteriza como sem sentido (*sinnlos*)[75].

Apesar disso, para ele, as "proposições da lógica" não são combinações ilícitas de sinais (*Unsinn[e]*, contrassenso[s]). Com efeito, elas possuem um papel peculiar no simbolismo do qual uma caracterização correta da lógica deve dar conta[76]. Seu papel é mostrar "[...] as propriedades formais – lógicas da linguagem, do mundo"[77], isto é, as possibilidades de combinação dos sinais na formação de proposições compostas.

O sentido de necessidade sustentado no *TLP* é restrito a esse tipo de concepção monista modal. Ou seja, Wittgenstein admite essa concepção

---

[70] LOOMIS, E. Necessity and Apriority. *In*: GLOCK, H.-J.; HYMAN, J. (org.). **A companion to Wittgenstein**. Hoboken: Wiley Blackwell, 2017. p. 346.
[71] *TLP* 3.04.
[72] *TLP* 3.05.
[73] *TLP* 4.461.
[74] *TLP* 4.462.
[75] *TLP* 4.461.
[76] *TLP* 6.112.
[77] *TLP* 6.12.

de necessidade e exclui outras concepções. Não é possível no *TLP*, por exemplo, falar de uma necessidade causal ou natural, representada pela ocorrência necessária de estados de coisas. Pois isso equivaleria a uma espécie de combinação das características das proposições da lógica e das proposições empíricas convencionais. Como vimos, era exatamente esse o estatuto dos axiomas lógicos de Russell. Por isso, para Wittgenstein, as proposições resultantes de tal combinação são contrassensos.

A concepção de lógica de Wittgenstein esclarecida supra o leva a caracterizá-la como transcendental[78]. Wittgenstein recebe essa terminologia indiretamente da filosofia kantiana por meio de Schopenhauer[79], em que o significado do termo, *mutatis mutandis*, tem a ver com o estatuto *a priori* de um esquema de categorias fixas produzidas pelo entendimento, a partir dos quais juízos de experiência são formulados[80]. Entretanto, para compreender o significado em que Wittgenstein emprega o termo "transcendental" é útil recorrer ao seu uso mais contemporâneo na filosofia, o qual está ligado à discussão em torno dos argumentos transcendentais e à refutação do ceticismo[81].

Tais argumentos procedem na direção oposta de um argumento convencional. Ao invés de partir de certas premissas para se chegar a uma conclusão, afirma-se uma conclusão e busca-se as premissas que a tornam possível. Primeiro, deve-se partir de uma premissa aceita, em seguida, mostra-se como uma outra premissa, que se rejeita, é uma condição necessária para a primeira premissa. Daí, conclui-se que, se se aceita a primeira premissa, deve-se invariavelmente aceitar a segunda. Nesse sentido, a segunda premissa é uma condição transcendental. Um breve exemplo desse procedimento é tentar resolver o problema da justificação do nosso conhecimento empírico perguntando: dado que temos experiências e pensamentos sobre elas, o que as torna possível? Segundo Marco Franciotti, uma alternativa seria tentar "[...] provar que as crenças que temos sobre o mundo exterior servem como precondições para o pensamento

---

[78] *TLP* 6.13.

[79] MONK, 1995, p. 32.

[80] *Cf.*, *e.g.*, "[...] o Juízo não precisa de nenhum princípio particular de reflexão, mas esquematiza-a *a priori* e aplica esses esquemas a toda síntese empírica, sem a qual nenhum juízo de experiência seria possível" (KANT, Immanuel. **Duas Introduções à Crítica do Juízo**. Tradução de Ricardo Ribeiro Terra. São Paulo: Iluminuras, 1995, p. 48).

[81] Esse é o contexto de discussão, em duas obras de Peter F. Strawson, *Individuals* e *The Bounds of Sense*.

ou experiência [...]"⁸². Nesse caso, isso seria afirmar que nossas crenças são condições transcendentais para o conhecimento empírico.

Além disso, esses argumentos apresentam outros aspectos característicos⁸³, por exemplo, (1) eles são geralmente formulados tendo como objetivo uma refutação de uma posição cética⁸⁴; (2) eles geralmente envolvem uma afirmação sobre algum fato fundamental filosoficamente disputável (segunda premissa) (sobre a vida humana, a nossa capacidade de percepção e assim por diante); (3)⁸⁵ eles envolvem afirmações transcendentais, isto é, afirmações de que um determinado pressuposto X a ser aceito como condição de Y é mais que o mero produto de uma necessidade natural ou causal.

No caso de Wittgenstein, como vimos, o contexto de discussão em que o termo aparece não diz respeito diretamente a discussões céticas, mas à reformulação de uma certa concepção sobre a natureza da necessidade lógica. A ênfase da discussão recai, portanto, sobre o ponto (3) que diz respeito ao tipo de necessidade em questão.

Como ficará mais claro na próxima subseção, isso representa uma defesa de um tipo forte de necessidade, se comparado à necessidade natural ou à causal. Tal ideia de necessidade é assegurada apenas por relações de implicação verificáveis entre estados de coisas. Diferentemente, a existência da lógica não pode ser assegurada apenas pela configuração factual do mundo. Na verdade, a lógica contém todas as possibilidades de configurações de estados de coisas e, portanto, todas as possíveis configurações factuais de mundos. Além disso, o fato de ela conter todas essas possibilidades significa que ela é pressuposta por todas as linguagens.

A partir disso, na próxima subseção, também ficará claro o tipo de interdição que Wittgenstein prevê para combinações ilegítimas entre as

---

⁸² FRANCIOTTI, M. A. Reabilitando Strawson. *In:* CONTE, J.; GELAIN, I. L. (org.). **Ensaios sobre a filosofia de Strawson**. Florianópolis: Editora da UFSC, 2015. p. 103.

⁸³ STERN, Robert. Transcendental Arguments. **The Stanford Encyclopedia of Philosophy** (Fall Edition). Edward N. Zalta (ed.). Stanford: Stanford University, 2021. Disponível em: https://plato.stanford.edu/archives/fall2021/entries/transcendental-arguments/. Acesso em: 1 jun. 2022.

⁸⁴ Com efeito, Kant não utiliza a expressão "argumento transcendental", mas fala em "provas transcendentais", por exemplo. Não obstante estas parecem ter o mesmo teor e ambição do que desde Strawson se reconhece como um argumento transcendental, principalmente no que toca à questão do ceticismo (KANT, Immanuel. **Crítica da Razão Pura**. Tradução de Valerio Rohden; Udo Baldur Moosburger. São Paulo: Nova Cultural, 2000. p. 192-4).

⁸⁵ Isso é o que Quassim Cassam refere como o componente conceitual dos argumentos transcendentais (*Cf.* CASSAM, Quassim. Transcendental Arguments, Transcendental Synthesis and Transcendental Idealism Author. **The Philosophical Quarterly**, v. 37, n. 149, p. 355-378, 1987, p. 357-8).

características das proposições da lógica e das proposições convencionais. Mais que uma interdição ou uma proibição, tal combinação, para Wittgenstein, é impossível. Isso será esclarecido a partir da noção de limite aplicada à lógica e da equação dos seus limites com os do mundo e os da linguagem, questão que reaparece em *TLP* 6.12.

1.3.1 Congruência entre os limites do mundo e da lógica

A primeira ocorrência da noção de limite no *TLP* aparece na discussão sobre o solipsismo em *TLP* 5.6-5.641. Não devo ocupar-me aqui com a questão de saber em que medida, para Wittgenstein, o solipsismo é verdadeiro, mas apenas com a discussão sobre a lógica representar os limites do mundo.

A noção de limite está ligada à rejeição do tipo ontológico de necessidade e à caracterização da necessidade lógica como um tipo de necessidade transcendental. Wittgenstein a introduz em *TLP* 5.61, equacionando os limites da lógica com os limites do mundo. Segundo Maximilian de Gaynesford[86], essa noção aqui se refere ao que não faz sentido excluir. A suposição de que a lógica poderia fornecer uma descrição sobre a configuração interna do mundo é equivocada, porque isso não pode ser decidido *a priori*. O argumento de Wittgenstein no aforismo supra toma a forma de uma *reductio* e procede da seguinte forma.

Se concebermos que a lógica é ao mesmo tempo necessária e uma ciência positiva com proposições com sentido, então seria possível a partir dela dizer quais possibilidades de estados de coisas ocorrem necessariamente, isto é, em todos os mundos possíveis. Pelo mesmo motivo, isso significaria também que poderíamos de maneira *a priori* excluir certas possibilidades de estados de coisas que nunca ocorrem. Por exemplo, o contrário desses estados de coisas lógicos necessários seria de antemão impossível.

Contraditoriamente, para Wittgenstein, isso anularia a própria necessidade da lógica. Pois, para que a lógica pudesse restringir necessariamente a ocorrência de um estado de coisas, seria necessário que ela nos fornecesse uma imagem do que está para além do reino das possibilidades de estados de coisas. Ou seja, seria preciso que ela pudesse se situar para

---

[86] DE GAYNESFORD, M. Wittgenstein on I and the self. *In:* GLOCK, H.-J.; HYMAN, J. (org.). **A companion to Wittgenstein**. Hoboken: Blackwell, 2017. p. 479.

além dos limites do mundo[87]. Uma vez que, porém, os limites do mundo são também os próprios limites da lógica, a tentativa de dizer algo logicamente necessário implicaria de tabela na possibilidade de se situar fora dos próprios limites da lógica para afirmar uma impossibilidade lógica.

A lógica, porém, é transcendental, o que significa que suas propriedades são uma condição *sine qua non* de todo pensamento, projeção, formulação proposicional. Nesse sentido, dizer uma impossibilidade lógica significaria contradizer as "propriedades lógicas", que permitem dizer alguma coisa, em primeiro lugar. Se isso fosse possível, então não seria verdade que ela é transcendental. Pois já não seria verdadeiro que a lógica é pressuposta por todo o pensamento e linguagem. Haveria pensamentos que seriam impossibilidades lógicas. Por esse motivo, a tentativa de formular proposições necessárias com pretensão de sentido produz contrassensos[88]. A lógica não pode dizer "no mundo há isto, mas não aquilo", ela só determina a forma do que pode ser pensado.

Wittgenstein conclui o argumento da seguinte forma. Se, portanto, isso implica que os limites do mundo são os limites da lógica, então o que está para além dele não podemos sequer pensar. Se, porém, o mundo é o limite do que podemos dizer, então também não podemos dizer o que está para além do mundo. O resultado disso, finalmente, é que não podemos sequer pensar (leia-se, projetar uma imagem de uma situação) aquilo que está para além da esfera do dizível. Portanto, pensar projetivamente significa realmente pensar uma situação contingente[89].

De fato, o emprego da noção de limite nesse argumento não parece ser totalmente oportuno da parte de Wittgenstein, uma vez que pode induzir a/o leitora/leitor a pensar que há um "além-mundo" em oposição ao "aquém-mundo"[90]. O objetivo, na verdade, é justamente o oposto disso. A função da noção em questão é apenas demonstrar a impossibilidade de se pensar qualquer positividade fora do mundo. Significa, portanto, segundo Jônadas Techio, que a concepção de um domínio transcendente no contexto do *TLP* é equivocada[91].

---

[87] *TLP* 4.12.
[88] *TLP* 5.5571.
[89] TECHIO, 2014, p. 344.
[90] ICZKOVITS, Y. **Wittgenstein's Ethical Thought**. Basingstoke: PALGRAVE MACMILLAN, 2012. p. 39.
[91] TECHIO, 2014, p. 354.

Tal argumento implica que é impossível logicamente dizer as condições transcendentais do pensamento representadas pela lógica. Ele mostra que o limite que a lógica é para o pensamento não é apenas uma linha que não se deve cruzar, embora seja possível fazê-lo. Antes, a necessidade da lógica é de caráter incontornável. Assim, toda formulação descritiva já está de antemão coordenada pelas suas propriedades. Portanto, o sentido de necessidade lógica é significativamente mais forte do que uma mera proibição de dizer algo.

Essa conclusão demonstra que o método do *TLP* para elucidar a natureza do discurso proposicional consiste, primeiro, em esclarecer os seus limites. Isso indiretamente implicaria também na delimitação dos limites daquilo que não pode ser dito pelo discurso proposicional e que não tem sentido[92]. Apesar do caráter aparentemente paradoxal dessa conclusão, na seção seguinte, mostrarei como a distinção entre dizer e mostrar é responsável por desfazê-lo.

1.4 A distinção entre dizer e mostrar

Como discutido anteriormente, Wittgenstein rejeita a concepção de que as propriedades lógicas possam ser expressas em axiomas formulados positivamente. Nesse contexto, a distinção entre dizer e mostrar assume um papel fundamental. Ela visa garantir a coerência interna da obra, uma vez que as proposições do *TLP* seriam também formulações necessárias. Vejamos agora como a distinção em questão faz isso.

Segundo tal distinção, aquilo que dizemos por meio de proposições mostra algo sobre a sua estrutura representacional interna[93]. Esse "algo", porém, não pode ser ele mesmo dito por meio de outras proposições, pois estaria sujeito à bipolaridade. Portanto, o que só pode ser mostrado não pode ser dito[94]. Não obstante, como afirma Janyne Sattler[95], é de todo supérfluo que os aspectos necessários da linguagem, como as propriedades lógicas, sejam enunciados de forma positiva. Afinal, essas propriedades são condições *sine qua non* onipresentes a todo discurso proposicional. Se o que é dizível ou pensável pressupõe de antemão a lógica como operante, o que se quer dizer sem sucesso com pseudo-proposições lógicas

---

[92] *TLP* 4.115.
[93] *TLP e.g.*, 3.261, 4.126.
[94] *TLP* 4.1212.
[95] SATTLER, 2014, p. 116-7.

é supérfluo, porque se mostra no funcionamento normal da linguagem. Em primeiro lugar, isso ocorre por meio das proposições empíricas convencionais. Relações e propriedades internas (lógicas), por exemplo, são expressas assim. Que duas proposições mantêm relações internas entre si é mostrado pela ocorrência em ambas de nomes de objetos que possuem a mesma propriedade interna[96]. Conceitos formais são expressos por variáveis, que há tipos diferentes de símbolos é mostrado no emprego correto dessas formas etc.

Ao mostrar que além de impossível é supérfluo querer dizer as propriedades lógicas e, assim, adotar um ponto de vista externo ela, a distinção entre dizer e mostrar reforça o caráter incontornável da lógica. Como vimos, isso é almejado em abordagens axiomáticas da lógica, tal como a de Russell. Ambas pretendem formular proposições com conteúdo necessário e, por isso, Wittgenstein as rejeita.

Há também um segundo sentido em que podemos dizer que os aspectos necessários das nossas práticas lógico-linguísticas são mostrados. Qual seja, por meio de expressões de necessidade, que, como vimos, incluem as tautologias e contradições sem sentido[97]. Como disse, elas representam um tipo de uso da linguagem que não é proposicional[98]. Não obstante, elas não são, por isso, expressões ilícitas de sinais, pois não assumem pretensão de sentido. A partir da sua combinação de sinais as tautologias não dizem nada, mas exprimem não proposicionalmente os aspectos necessários da linguagem.

Como dito anteriormente, ambas as funções da distinção entre dizer e mostrar contribuem para o objetivo de Wittgenstein de impedir que ocorra uma mistura das características das proposições empíricas convencionais com expressões de necessidade. Ao fazer isso, ele está admitindo uma diferença de tipos no uso da linguagem. O proposicional ou empírico, de um lado, e as expressões não proposicionais de necessidade, de outro[99]. A partir dessa constatação, o que marca fundamentalmente o contrassenso é a sua pretensão ilegítima de entrecruzar esses dois tipos de expressões[100]. Isto é, a tentativa de tratar expressões de necessidade

---
[96] TLP 4.126.
[97] TLP 4.121.
[98] TLP 4.461.
[99] KUUSELA, O. The development of Wittgenstein's philosophy. *In*: MCGINN, M.; KUUSELA, O. (org.). **The Oxford Handbook of Wittgenstein**. [*S. l.*]: Oxford University Press, 2011. p. 604.
[100] SATTLER, 2014, p. 68.

como proposições empíricas, atribuindo-lhes conteúdo descritivo, sem, no entanto, abdicar da ideia da sua necessidade.

Como afirmado na introdução, a importância de passar por uma considerável discussão sobre o estatuto da lógica e de suas "proposições" no *TLP* se dá pelo fato de Wittgenstein caracterizar a ética de maneira semelhante. Elaborarei esse paralelo na secção seguinte.

1.5 A ética do *TLP*

Wittgenstein nos fornece dois breves, porém importantes comentários sobre a ética nos *Diários* 1914-16 (*NB*) e no *TLP*. Em um deles ele afirma que a ética deve ser uma condição do mundo[101]; no outro, que proposições éticas são impossíveis e (por)que a ética é transcendental[102]. Tal como no caso da lógica, isso levanta três aspectos-chave da ética: aquilo que diz respeito à ética é de alguma forma necessário. A partir disso, explicarei na próxima secção por que não pode haver proposições éticas e por que a ética deve pertencer ao domínio do que só pode ser mostrado por proposições legítimas ou por expressões éticas sem pretensão de sentido.

Wittgenstein introduz o primeiro ponto na sua discussão sobre ética a partir da ideia de valor. A centralidade dessa ideia para uma concepção de ética em Wittgenstein é inspirada na definição fornecida por G. E. Moore em *Principia Ethica* (1903). Nessa obra, Moore afirma que a ética seria a investigação geral acerca do que é bom[103]. Na *Conferência sobre Ética* de 1929, Wittgenstein expande essa definição afirmando que poderíamos analogamente definir a ética como a investigação acerca das coisas que

---

[101] *NB* 24.7.16.
[102] *TLP* 6.421, *NB* 30.7.16.
[103] *Cf.* MOORE, George. E. **Principia Ethica**. Lisboa: Fundação Calouste Gulbenkian, 1999. p. 82. Moore também afirma que a investigação filosófica ética objetiva esclarecer o que pretendemos dizer quando dizemos que alguma coisa possui valor intrínseco (*Ibid.*, p. 74), nesse sentido, sua obra pode ser compreendida como uma discussão sobre os tipos de coisas que possuem tal propriedade. Para Wittgenstein, porém, a expressão "valor intrínseco" não parece adequada e, de fato, o filósofo fala apenas de valor, quando trata da questão da ética. O motivo por trás dessa escolha terminológica não é apresentado por ele, não obstante, decidi também a seguir. No nosso caso, isso se deve ao fato de que a expressão "valor intrínseco" pode sugerir que o valor seja uma propriedade que as coisas portam, semelhante às propriedades físicas. A concepção de ética de Wittgenstein certamente se opõe a essa sugestão, pois, para ele, a ética é fundamentalmente não empírica e, além disso, seus conceitos não são estruturados em torno de propriedades. As duas coisas estão, aliás, conectadas, como veremos na seção 2 do capítulo 3.

têm valor, que são realmente importantes ou como a investigação sobre o sentido da vida e assim por diante[104].

Essa definição introduz a ideia de necessidade no domínio da ética negando-lhe um estatuto empírico. Para Wittgenstein, a ideia de valor se opõe à ideia de casualidade. Ele afirma, por exemplo, em *TLP* 6.41[105]:

> No mundo, tudo é como é e tudo acontece como acontece; não há *nele* nenhum valor – e se houvessem, não teria nenhum valor. [novo parágrafo] Se há um valor que tenha valor, deve estar fora de todo acontecer e ser-assim. Pois todo acontecer e ser-assim é casual.

Ou seja, desde esse ponto, Wittgenstein já deixa clara a natureza não empírica da ética. A atribuição de valor para algo não é como a identificação de uma propriedade física, pois, diferentemente desta última, o valor não pode se ligar a uma coisa por meio de uma ligação meramente acidental. Isso mostra que, para Wittgenstein, "ter valor" é uma categoria absoluta, em oposição a uma categoria casual, por exemplo, "verdade" que é uma categoria que se pode perder mediante a obtenção de mais conhecimento acerca de uma questão.

O caráter não empírico da ética também implica que predicados éticos tais como "bom" e "mal" não podem ser utilizados em proposições. Afinal, as proposições são essencialmente bipolares e tais predicados atribuem valor, ou seja, são essencialmente necessários. Segundo Wittgenstein, eles só têm sentido quando vinculados à vontade do sujeito – que Wittgenstein qualifica como transcendental. Segundo Janyne Sattler[106], Wittgenstein se utiliza aqui de termos marcadamente estoicos para se referir a esses predicados éticos. Isso porque ele os mobiliza para qualificar a posição valorativa que este sujeito adota com relação ao mundo e à vida, caracterizando tal perspectiva também como feliz e infeliz, respectivamente[107].

Na sua anotação de *NB* 13.8.16, ele exemplifica o que isso quer dizer. Lá ele afirma que somente por meio de uma vida sábia (*Leben der Erkenntnis*) podemos alcançar o ideal da vida feliz. Ainda nessa entrada, ele afirma

---

[104] WITTGENSTEIN, L. Conferência sobre Ética. **Ética e linguagem**: uma introdução ao Tractatus de Wittgenstein. Florianópolis: Editora da UFSC; São Leopoldo: Editora Unisinos, 2005. p. 216.

[105] Grifos no original.

[106] SATTLER, J. A ética estóica do Tractatus de Wittgenstein. *In:* DALL'AGNOL, D.; FATTURI, A.; SATTLER, J. (org.). **Wittgenstein em retrospectiva**. Florianópolis: Editora da UFSC, 2012. p. 53.

[107] *NB* 2.8.16, 15.10.16.

que, na vida sábia, o sujeito vive uma vida feliz a despeito das adversidades e misérias sofridas. Assim, a vida feliz pode ser considerada em termos de harmonia ou concordância entre uma perspectiva ética e os fatos[108]. Ou seja, a vida da pessoa feliz é marcada pela aceitação de que o curso natural do mundo é como uma vontade independente da sua[109]. Afinal, como discutido, para Wittgenstein no *TLP*, só há necessidade lógica[110]. E isso implica na rejeição da ideia de necessidade natural ou causal. Ou seja, não há conexão necessária entre a ocorrência de um fato e a ocorrência de outro, mas apenas uma conexão casual. Naturalmente, com a vontade ocorre o mesmo, isto é, "O mundo é independente da minha vontade"[111].

Sendo assim, o problema da vida é resolvido quando se reconhece a inevitabilidade dessa independência. De modo que os fatos deixam de fazer parte do problema da vida[112]. Ou seja, Wittgenstein sugere que a dissolução do problema da vida é desencadeada não por uma mudança nos fatos existentes, mas sim na tomada de posição ou atitude com relação aos fatos. Tal como ele afirma em *TLP* 6.421: "Percebe-se a solução do problema da vida no desaparecimento desse problema". Wittgenstein identifica uma tal perspectiva valorativa como uma vontade boa: a partir dela o sujeito encontra o sentido da vida/existência na sua própria autossuficiência, pois deixa de depender de uma vontade alheia à sua. Em *NB* 8.7.16, por exemplo, ele afirma: "Para viver feliz, devo estar em consonância com o mundo[...] [ou] em harmonia com aquela vontade alheia da qual, aparentemente, sou dependente". Segundo Janyne Sattler, ao deixar de depender de eventos externos incontroláveis, a felicidade revela integralmente o seu sentido estoico para Wittgenstein como apaziguamento[113].

Em sentido contrário, a vontade má aspiraria agir causalmente no mundo. Segundo Diamond[114], o sujeito portador da vontade má é ressentido com a independência causal entre a sua vontade e o mundo. Tal sujeito traduziria sua frustração, a despeito de tudo, tentando agir causalmente no mundo por meio da linguagem, colocando-lhe exigências, condições

---

[108] SATTLER, 2012, p. 57.
[109] *NB* 8.7.16.
[110] *TLP* 6.375.
[111] *TLP* 6.373.
[112] *TLP* 6.4321.
[113] SATTLER, 2012, p. 52.
[114] DIAMOND, C. Ethics, imagination and the method of Wittgenstein's tractatus. *In:* CRARY, A.; READ, R. (org.). **The new Wittgenstein**. London: Routledge, 2001. p. 167.

e desejos como necessidades positivas que devem se realizar. Dada a impossibilidade disso a partir da afirmação de que a única espécie de necessidade que podemos assumir é a de tipo lógico, o sujeito portador de uma vontade má é levado a uma vida infeliz de inquietude.

Nesse ponto, é necessário fazer um esclarecimento sobre a nossa posição com relação ao caráter estoico da concepção de ética de Wittgenstein e a questão da sua continuidade. A análise dessa concepção em termos estoicos mostra que Wittgenstein favorece a posição valorativa da vontade boa em detrimento da vontade má. Para Janyne Sattler, isso mostra que Wittgenstein apresenta uma concepção de ética dogmática. No presente caso, porém, não objetivo apresentar a continuidade da concepção de ética de Wittgenstein enquanto ética estoica, mas sim enquanto uma ética centrada na questão da valoração. Aliás, esse talvez seja o real ponto de mudança na sua concepção, pois não há menções posteriores a essa questão específica da vontade nesses exatos termos[115]. O que nos interessa aqui, portanto, é enfatizar a capacidade de valoração que está na base da concepção de ética de Wittgenstein. Tal capacidade é anterior e condição de possibilidade da valoração boa ou má e, portanto, anterior aos seus componentes estoicos[116]. Afinal, Wittgenstein não deixa de caracterizar tanto a valoração boa como a má como tipos de posições valorativas.

Para nós, tal caracterização parece ter o objetivo de assegurar tal prática valorativa – seja ela boa ou má – como um aspecto constituinte da experiência humana e, por isso, Wittgenstein a qualifica como transcendental. Isto é, ele parece querer afirmar que a vida humana é constituída pela ideia

---

[115] Com efeito, depois do desenvolvimento filosófico de Wittgenstein, a caracterização dos problemas éticos como questão de reorientação da vontade do sujeito transcendental parece desaparecer. Porém, de acordo com Oskari Kuusela (KUUSELA, Oskari. Wittgenstein, Ethics and Philosophical Clarification. *In*: AGAM-SEGAL, Reshef; DAIN, Edmund (ed.). **Wittgenstein's Moral Thought**. New York: Routledge, 2018. p. 52), isso não significa que Wittgenstein deixa de considerar a questão da harmonia entre vontade e realidade como *um* problema ético – dentre outros. A seguinte citação mostra isso claramente: "Se a vida se torna difícil de suportar, pensamos numa alteração da situação. Mas a mudança mais importante e eficaz, a mudança da nossa própria atitude, dificilmente nos ocorre, e a decisão de dar tal passo é nos muito difícil" (WITTGENSTEIN, Ludwig. **Cultura e Valor**. Tradução de Jorge Mendes. Lisboa: Edições 70, 2019. p. 107).

[116] Acredito, no entanto, que a nossa afirmação não está em contradição com a tese da autora. Isso porque, embora Wittgenstein se comprometa com alguns pontos de uma ética estoica, isso não é feito a partir de uma defesa teorética da sua posição. Isto é, embora a visão da vida feliz, para Wittgenstein, seja explicada pela harmonia entre vontade e fatos, ela não é apresentada como o fim necessário de toda ação, isto é, como uma determinação externa da vontade, a qual, por isso, deveria renunciar a qualquer valoração que não seja em direção a tal harmonia. Trata-se antes da necessidade de uma mudança de atitude. E quando Wittgenstein se refere a "atitude" ele tem em mente algo próximo de uma certa disposição ética. Diz respeito, portanto, a algo que, embora relacionado aos valores aos quais se pode aderir, não os determina especificamente. Isto é, não diz quais valores específicos estes devem ser.

de experienciar o mundo e a vida como sendo dotados de valor. Tal como ele afirma na *Conferência sobre Ética* (*CE*), a ética é "[...] uma tendência do espírito humano"[117].

Feito esse comentário, é possível agora caracterizar essa tendência ou capacidade valorativa que Wittgenstein acredita ser a fonte do que chamamos de ética. Para isso, segundo julgo, é frutífero recorrer ao que Raimond Gaita denomina de domínio do sentido (ético)[118]. A caracterização desse domínio apresenta uma certa complexidade, característica da própria compreensão de Wittgenstein da ética enquanto um domínio transcendental. Por um lado, há, como vimos, uma separação conceitual nítida entre fatos e valores, isso, porém, não significa que não haja relação entre ambos. Para Wittgenstein, a distinção precisa ser traçada, porque as duas coisas não estão em um mesmo plano; fatos têm estatuto empírico e valores não. Por esse motivo, segundo Gaita, quando nós nos engajamos em uma discussão ética e apelamos para valores, isto é, para o domínio do sentido, nós não objetivamos iniciar um debate no nível factual[119]. Isto é, em geral, a discussão não se beneficia de um conhecimento mais profundo da situação.

Wittgenstein enfatiza esse ponto em diversos lugares. Na *CE*, em especial, ele o coloca mais claramente mencionando a situação de um assassinato. Segundo ele, ao lermos uma "[...] descrição de um assassinato com todos os detalhes físicos e psicológicos e a mera descrição nada conterá que possamos chamar uma proposição Ética [*sic*]"[120]. Digamos, porém, que sejamos indagados por uma cética moral sobre por que um evento do tipo é algo ruim, ou melhor, o que faz com que tal evento, como evento, seja considerado dessa forma. Em resposta a essa pergunta, a menção a fatores empíricos ou psicológicos é irrelevante. Podemos tentar elaborar uma resposta afirmando que, por exemplo, um tal assassinato foi brutal ou cruel. O que, afinal, faz algo ser brutal ou cruel? Com certeza, tampouco pode ser algo empírico, afinal, não faria sentido dizer, por exemplo, que uma pessoa atacou uma pedra brutalmente, mesmo tendo feito os mesmos

---

[117] WITTGENSTEIN, 2005, p. 224.
[118] Quando me refiro ao domínio do sentido, tenho em mente o domínio do sentido ético; por vezes também me refiro a domínio dos valores ou domínio da ética. Utilizo todas essas expressões de maneira intercambiável. Não as devemos confundir, portanto, com o conceito de sentido que Wittgenstein menciona como algo que as proposições têm.
[119] GAITA, Raymond. **The Philosopher's Dog**. 2. ed. London and New York: Routledge, 2004. p. 49.
[120] WITTGENSTEIN, 2005, p. 218, grifo no original.

movimentos. Será então que isso se dá porque nós sentimos dor e a pedra não? Mas nós também sentimos dor e mal-estar quando recebemos uma injeção ou quando passamos por um tratamento como a quimioterapia a que os pacientes com câncer são submetidos. Esse é um tratamento duríssimo, porém não parece ser apropriado qualificá-lo como cruel.

Com efeito, isso não parece responder à pergunta da cética, na verdade, ela só reveste a nossa caracterização com mais termos eticamente embebidos. No entanto, esse impasse parece ao mesmo tempo ajudar-nos a entender a natureza do problema. O que a cética demanda não pode ser respondido nos termos em que a pergunta é formulada. A sua formulação já pressupõe um reducionismo do domínio do valor ao que é empírico, algo que Wittgenstein recusa. Para ele, portanto, a pergunta cética envolve uma contradição e, por isso, não pode ser colocada. Sobre isso ele afirma: "O ceticismo *não* é irrefutável, mas manifestadamente um contrassenso, se pretende duvidar onde não se pode perguntar"[121].

Como Raimond Gaita afirma, o que importa nesse contexto não são as diferenças que ocorrem nos detalhes empíricos do evento, mas algo que está por trás delas[122]. Afinal, o caráter moralmente reprovável de um evento como um assassinato parece estar fora de disputa. Por esse motivo, a pergunta da cética é encarada com um tom desafiador, em especial, quando queremos enfatizar tal aspecto moral. Isto é, o mero ato de questionar o teor moral de um assassinato provoca um estranhamento. Ficamos perplexos com tamanho cinismo por trás da pergunta e respondemos categoricamente: "é óbvio que um assassinato é algo meramente reprovável! Que tipo de pergunta é essa, afinal?". Com efeito, ao invés de Wittgenstein encarar esse impasse como uma destruição do imperativo da moralidade[123], ele considera uma reação desse tipo como algo positivo e totalmente justificado. Para ele, o que é essencial e, de qualquer forma, tudo o que é possível fazer frente a uma pergunta cética com relação à ética é "tomar posição enquanto indivíduo e falar na primeira pessoa"[124]. Isto é, tomar posição como alguém que reconhece que o aspecto moral

---

[121] *TLP* 6.51, ênfases no original.

[122] GAITA, Raimond. **Good and evil:** an absolute conception. 2. ed. London; New York: Routledge, 2004. p. 116.

[123] Rush Rhees menciona essa fala de Wittgenstein relatando uma conversa que tivera com ele. Lá, para ele, o desejo de assegurar objetivamente tal imperativo é reflexo da tentativa de rechaçar um relativismo à espreita (RHEES, Rush. Some developments in Wittgenstein's ethics. **The Philosophical Review**, v. 74, n. 1, p. 17-26, 1965, p. 23).

[124] WAISMANN, F.; MCGUINESS, B. **Wittgenstein und der Wiener Kreis**. Frankfurt am Main: Suhrkamp, 1996, p. 117, tradução nossa.

envolvido na situação é absolutamente inegável. Segundo Gaita, quando perguntas do tipo surgem, tudo que podemos fazer é reafirmar o nosso apelo ao domínio do sentido com a esperança de que, dessa forma, a cética moral ajuste a sua atitude moral com relação ao fato em questão e/ou que ela compreenda as orientações morais que estão por trás dele[125].

Wittgenstein também antecipa esse ponto sobre a distinção ontológica entre fatos e valores no *TLP*, em que ele afirma que "Como *seja* o mundo é, é completamente indiferente para o Altíssimo"[126]. Como vimos, o que está acima é justamente o domínio dos valores. Essa separação conceitual poderia nos levar a concluir que não há qualquer relação entre fatos e valores. Esse, porém, não é o caso, pois é apenas em termos conceituais que ela existe. Efetivamente, tal como afirma Gaita, é impossível separar fatos e valores, pois os valores dão forma aos fatos[127]. Isto é, os valores determinam como os fatos são encarados, priorizados, de que modo eles nos afetam etc. Essa relação, portanto, existe, mas, a partir da afirmação de Wittgenstein, ela parece ser apenas unilateral. Isto é, os fatos não influenciam o domínio dos valores, eles não determinam quais valores podemos adotar. Wittgenstein, portanto, parece problematizar a posição, segundo a qual, de acordo com Gaita, as "diferenças nos modos como nós tratamos ou respondemos às coisas devem ser justificadas por diferenças relevantes [existentes] nessas coisas"[128]. Na verdade, o domínio dos valores é uma condição de possibilidade para a própria definição de "diferenças relevantes". Essas diferenças só são traçadas e ressaltadas porque nós adotamos uma determinada postura valorativa com relação a elas. Nesse sentido, os valores influenciam como vemos os fatos, mas não o contrário, isto é, os fatos não podem determinar quais valores existem. Por esse motivo, em suma, é que Wittgenstein caracteriza a ética, o domínio dos valores como transcendental.

---

[125] GAITA, 2004, p. 49.

[126] *TLP* 6.432, grifos do original. Com relação a esse aforismo, a tradução portuguesa parece traduzir melhor o *sentido* da frase: "Como o mundo é, é para O que está acima, completamente indiferente" (WITTGENSTEIN, L. **Tratado lógico-filosófico & Investigações Filosóficas**. Tradução de M. S. Lourenço. 6. ed. Lisboa: Editora Fundação Calouste Gulbenkian, 2015). A título de comparação *cf.* o texto original: "Wie die Welt ist, ist für das Höhere vollkommen gleichgültig" (WITTGENSTEIN, L. **Tractatus logico-philosophicus**; Tagebücher 1914-1916; Philosophische Untersuchungen. 22. ed. Berlin: Suhrkamp, 2016).

[127] GAITA, 2004, p. 52.

[128] GAITA, 2004b, p. 115.

1.5.1 Implicações da distinção entre dizer e mostrar para a ética

A partir da seção anterior já parece estar claro por que não pode haver proposições éticas. Para demonstrar definitivamente isso, além do afirmado supra, Wittgenstein também mobiliza um argumento na forma de uma *reductio*. Já parece ser possível entrever, no entanto, que a implicação desse argumento não condiciona a ética ao silêncio. Antes, mostrarei que o *TLP* permite a expressão de juízos éticos necessários que, porém, não tenham pretensão de sentido.

Aqui também o procedimento de Wittgenstein é tentar imaginar as implicações de formular proposicionalmente uma necessidade ética positiva e a partir disso traçar consequências. Segundo ele, novamente isso implicaria na anulação do caráter necessário do que tem valor. Seu argumento se dá da seguinte forma: como vimos, para Wittgenstein, as proposições descrevem estados de coisas que podem ou não ocorrer no mundo. Com efeito, o mundo é o domínio da contingência. Se concedêssemos que alguma coisa que tem valor seja descritível por uma proposição, isso implicaria em admitir que ela existe dentro da esfera do mundo. Disso, resultaria que ela também estaria submetida à contingência[129]. Isso, porém, violaria a ideia de necessidade presente na ideia de valor, mesmo que essa proposição fosse verificada como verdadeira. Mesmo nesse caso, a sua existência dependeria de como o mundo está agora. Por isso, não seria algo necessário.

Os valores, portanto, não podem estar dentro do mundo. A metáfora do dentro e fora do mundo vem novamente à tona e com ela a ideia de limite. É, portanto, natural a associação com a nossa caracterização sobre a lógica ser o limite do mundo. Como vimos, lá não é possível falar de um fora do mundo no universo do *TLP*, se com isso nos referimos a uma esfera transcendente de necessidades positivas[130]. Novamente uma *reductio* é empregada. Como exemplo, podemos pensar que o argumento vale para a pseudo-proposição "o bem absoluto é a vida levada segundo uma vontade autônoma".

Se pensássemos, diz ele, que um juízo de valor absoluto ou um imperativo ético pudesse funcionar como uma proposição ética, a sua

---

[129] *TLP* 6.41.
[130] Como veremos no Capítulo 2, um argumento semelhante é empregado na *CE* (WITTGENSTEIN, Ludwig. Conferência sobre Ética. Ética e Linguagem: uma introdução ao Tractatus de Wittgenstein. Florianópolis: Editora da UFSC; São Leopoldo: Editora Unisinos, 2005. p. 219).

formulação deveria conter a projeção de um estado de coisas necessário, em que uma ação acontece de tal e tal forma e não do contrário. Isto é, que, por exemplo, "o bem absoluto é a vida levada segundo uma vontade autônoma" seria uma necessidade positiva. Nada que se altere no mundo poderia determinar uma mudança nesse fato. Em todos os mundos possíveis essa proposição seria verdadeira. Isso implicaria que a sua mera enunciação garantiria de antemão a sua verdade. Isto é, que a sua possibilidade implicaria a sua existência[131]. Indiretamente, isso implicaria também que excluímos certas possibilidades. Por exemplo, a enunciação do seguinte fato estaria de antemão excluída: "o bem absoluto não é a vida levada segundo uma vontade autônoma".

Isso leva Wittgenstein a afirmar que não pode haver proposições éticas, afinal exigiria a aceitação de uma ideia de necessidade ontológica. Assim como no caso da lógica, isto, por sua vez, exigiria a possibilidade de colocar-se em um ponto externo ao domínio do valor para poder contemplá-lo de fora. Isto é, colocar-se fora do domínio da ética e poder observá-lo de fora dos seus limites. Porém, fora do domínio da ética, ou seja, no mundo contingente, os valores não têm apelo valorativo. É um domínio em que a proposição "o bem absoluto é a vida levada segundo uma vontade autônoma" não corresponde a um fato necessário. O resultado disso é que se aceitássemos a aplicação da ideia de necessidade substancial para a ética, ela não seria necessária. Por isso, Wittgenstein rejeita, em primeiro lugar, a própria ideia de "fato necessário"; a ocorrência dos fatos é sempre algo contingente e casual. Além disso, uma vez que é imperativo que a ética seja necessária, isso exige não identificar os valores, seu objeto, como fatos. Portanto, isso implica em excluir do domínio da contingência e da casualidade tanto estes valores como a ética enquanto domínio ao qual eles pertencem.

A despeito disso, segundo julgo, ainda é possível dar uma caracterização positiva para as expressões éticas, ao invés de tipificá-las como meros contrassensos. Isso porque, como visto, o contrassenso é marcado pela intenção de combinar as propriedades das proposições convencionais com as propriedades de expressões de necessidade e, com isso, descrever supostos fatos necessários. A margem aberta para o nosso juízo de que as expressões éticas não são contrassensos se deve a uma comparação com a lógica.

---

[131] TLP 3.04-05.

Como isso acontece? Nas proposições legítimas, mas também nos juízos éticos do cotidiano. No primeiro caso, se se sustenta, por exemplo, que se alguma coisa tem valor, isso se revela na maneira como falamos, pensamos e agimos com relação a ela. Como afirma Cora Diamond: "uma atitude para com o mundo ou para com a vida está conectada ao caráter moral que nós podemos perceber em ações, pensamentos, sentimentos ou coisas ditas"[132]. De fato, a ética não é uma condição imediata do pensamento e da linguagem da mesma forma que a lógica. Portanto, essa atitude para com o mundo mencionada por Diamond pode, às vezes, não ter qualquer pano de fundo ético. Porém, segundo Edmund Dain[133], em princípio, há pelo menos uma possibilidade de o ter[134].

O segundo sentido se dá porque tais expressões não nutrem pretensões de sentido proposicional ou linguístico. Expressões tais como "Tu deves te comportar melhor" que Wittgenstein menciona na *CE* são legítimas, porque elas funcionam apenas como apelos ao domínio do sentido (ético) e não como referências a necessidades éticas. Assim sendo, elas respeitam a diferença de tipos entre proposições empíricas e expressões de necessidade. Se isso é assim, essas expressões não podem ser consideradas contrassensos, elas, na verdade, fazem parte do conjunto de expressões necessárias que, por sua vez, correspondem à parte propriamente indizível da linguagem.

Isso mostra que a função da distinção entre dizer e mostrar em estabelecer uma diferença entre proposições convencionais e expressões de necessidade tem implicações fundamentais para reconhecer um lugar positivo também para a ética no *TLP*. Segundo afirma Janyne Sattler, o que isso mostra mais uma vez é que essa distinção é crucial para a compreensão da coerência interna da obra[135]. Portanto, também para o comentário final do *TLP*. À luz dos nossos comentários, este se refere apenas a filosofia metafísica, concepções axiomáticas de lógica e concepções teóricas de ética. Isso porque estas entrecruzam as propriedades de diferentes tipos

---

[132] DIAMOND, 2001, p. 154, tradução nossa. No original: "[...] an attitude to the world or to life is connected to the moral character that we may perceive in actions, thoughts, feelings, or things said".

[133] DAIN, 2018, p. 21.

[134] Em outro lugar, tento explorar mais a fundo as implicações éticas do uso da linguagem no *TLP*. Tentei argumentar que elas se desdobram em dois sentidos: o da honestidade intelectual e do apaziguamento, que, por sua vez, também se relaciona com a concepção que Wittgenstein sustenta de filosofia. *Cf.* NASCIMENTO, Matheus. C. do. Aspectos éticos da atividade filosófica no tractatus de Wittgenstein. **Occurrus - Revista de Filosofia**, v. 5, n. 1, Fortaleza, p. 29-51, 2020.

[135] SATTLER, 2014, p. 212.

de expressão que o *TLP* pretende separar. Elas almejam que expressões de necessidade sejam reconhecidas como descrições de fatos "necessários". A oposição final de Wittgenstein não se refere, portanto, a todo tipo de manifestação sobre o aspecto ético de nossas vidas. Essa proibição não recai sobre expressões éticas cotidianas, uma vez que elas não nutrem pretensões proposicionais[136].

Com isso, fica claro que Wittgenstein não visa desqualificar toda e qualquer possibilidade de discurso ético. Afinal, negar o caráter factual de uma dimensão valorativa de nossas vidas não implica, em nenhum sentido, em negar o fato incontornável de que ela exerce constante influência sobre elas. Ademais, segundo Blackburn, por exemplo, durante todo o seu período de atuação filosófica Wittgenstein sempre considerou a ética como uma esfera da vida humana muito importante a qual ele respeitava profundamente[137]. A questão aqui é que para ele uma dimensão valorativa do uso da linguagem só poderia existir dissociada de quaisquer pretensões de sentido, isto é, referenciais[138].

Antes de finalizar esta seção, é oportuno antecipar uma objeção à leitura na qual me apoio. Em especial, no que toca às comparações entre ética e lógica. Evidentemente, parece-nos inevitável haver pequenas dessemelhanças nessa comparação. Isso é esperado, afinal, Wittgenstein não quer reduzir ambas – ética e lógica – a uma mesma coisa. Para ele, elas se referem a domínios e práticas diferentes, que, porém, envolvem um mesmo tipo de relação conceitual, a saber, a de necessidade de um tipo transcendental. Uma dessas dessemelhanças ocorreria supostamente no caso do argumento da incontornabilidade. Poder-se-ia argumentar que, diferentemente do caso da lógica, seria sim possível colocar-se fora da esfera do valor, porque podemos revisar e abandonar nossas perspectivas éticas. Com isso, deixamos o ponto de vista interno com relação a elas, o qual parece ser uma condição necessária da sua adoção. Portanto, a

---

[136] SATTLER, 2013, p. 197.

[137] *Cf.* DALL'AGNOL, Darlei. Quasi-Realism in moral philosophy - An interview with Simon Blackburn. **ethic@ - An international Journal for Moral Philosophy**, Florianópolis, v. 1, n. 2, p. 101-114, jan. 2002. No final da CE, Wittgenstein afirma que a ética é "[...] uma tendência do espírito humano que eu pessoalmente não posso senão respeitar profundamente e que por nada neste mundo ridicularizaria" (DALL'AGNOL, Darlei. Ética e Linguagem: uma introdução ao Tractatus de Wittgenstein. 3. ed. Florianópolis, São Leopoldo: Ed. da UFSC, Editora Unisinos, 2005, p. 224).

[138] DALL'AGNOL, D. What we cannot say, we can and must speak about. *In:* MAREK, J. C.; REICHER, M. E. (org.). **Experience and Analysis:** Papers of the 27th International Wittgenstein Symposium. Kirchberg am Wechsel: Austrian Ludwig Wittgenstein Society, 2004. p. 89-90; SATTLER, 2012, p. 49.

ética não seria, nesse sentido, incontornável. Além disso, pode-se afirmar também, há desacordos com muito mais frequência em ética do que em lógica. Essa crítica é formulada por Rush Rhees. Segundo ele, por esse motivo, se se responde ao juízo de valor "você deve se comportar melhor" com a réplica "e se eu não quiser?", não parece haver mais nenhuma resposta plausível. Por outro lado, em discussões lógicas ou matemáticas, se alguém replica "e se eu não quiser?", essa pessoa está simplesmente falando coisas sem sentido[139].

Há, de fato, uma diferença de ênfase aqui que, não obstante, não prejudica o nosso argumento. Com efeito, não há um ponto de vista exterior à lógica no *TLP*, porque nessa obra, como vimos, Wittgenstein sustenta uma concepção absoluta de lógica. Não há, para ele, várias lógicas, por exemplo, lógica clássica, paraconsistente etc., ou mesmo lógicas específicas de domínios conceituais particulares. No caso da ética, é diferente, há, pelo menos, duas posições éticas, a do indivíduo feliz e a do infeliz. Com relação à ética, porém, a ênfase de Wittgenstein também é diferente, ela não recai sobre uma determinada posição ética, mas sobre a capacidade valorativa. Portanto, a afirmação de que a ética é transcendental, ou seja, uma prática incontornável, deve ser interpretada de maneira diferente. Ela deve ser interpretada no sentido de que é a capacidade valorativa enquanto um elemento constituinte da experiência humana que é incontornável, não uma posição valorativa específica. Obviamente, essa capacidade valorativa não existe de maneira pura. Quando falo da experiência valorativa humana pressuponho inevitavelmente alguma posição valorativa que a determina. Isso não significa, no entanto, que não haja uma distinção conceitual nítida entre as duas coisas. Portanto, não devemos confundi-las. A crítica mencionada supra, por sua vez, parece incorrer nessa confusão.

Isso revela que, embora a atribuição de valor seja absoluta, porque não depende de algo casual, ela não o é em outro sentido, uma vez que algo que tem valor pode perdê-lo. É evidente que quando abandonamos uma perspectiva valorativa, deixamos de considerar algo como valioso. Porém, nesse exercício de revisão o que é abandonado é uma forma específica de reconhecimento de valor e não a prática valorativa em si. Com abandono e compromisso com perspectivas valorativas são os limites

---

[139] RHEES, R. Some developments in Wittgensteins ethics. **The Philosophical Review**, Durham, v. 74, n. 1, p. 17-26, 1965, p. 18-9.

da nossa percepção valorativa do mundo que se alteram, mas a prática valorativa nunca cessa. Tal como Wittgenstein afirma em *TLP* 6.43: "[...] a boa ou má volição altera [...] os limites do mundo, não os fatos". Ou seja, o mundo do indivíduo feliz em sentido ético é ainda uma determinada perspectiva valorativa. Portanto, o argumento sobre a incontornabilidade da ética tem o objetivo de demonstrar como, para Wittgenstein, é impossível não adotar alguma perspectiva valorativa, isto é, colocar-se em um ponto de vista valorativamente neutro.

Podemos encontrar um exemplo de tal pretensão ilusória de neutralidade na personagem Ievgeni Bazárov de *Pais e Filhos* de Ivan Turguêniev. O autoproclamado niilista afirma altivamente que se considera um iconoclasta, ele: "[...] não se curva diante de nenhuma autoridade, que não admite nenhum princípio aceito sem provas, com base na fé, por mais que esse princípio esteja cercado de respeito"[140]. Isso descreve a sua oposição aos valores da geração anterior à sua que ele considera como inferior. A sua visão de mundo é marcada pela racionalidade e, por isso, seria superior a ela, que seria dogmática. Essa posição validaria os seus juízos de que "[u]m químico honesto é vinte vezes mais útil do que qualquer poeta"[141] ou de que, para ele, "[a] natureza não é um templo, mas uma oficina [...]"[142] onde o homem trabalha. Contraditoriamente, o que ele não percebe é que a sua própria posição eleva o valor da utilidade ao mais alto posto. Portanto, até mesmo essa posição é um tipo de ética.

Esses argumentos, por sua vez, respondem ao comentário de Rush Rhees. De fato, não podemos dizer mais nada a alguém que replica "e se eu não quiser?" além de reafirmar nossa posição valorativa. Isso, porém, não significa que a ética não seja transcendental. Em sentido contrário, isso mostra que a reafirmação do ponto valorativo só pode ser entendida como um apelo ao domínio do sentido (ético), que é transcendental. Isso porque ela implica que nós queremos chamar atenção para uma forma diferente de encarar o comportamento, para uma forma de ver as coisas de maneira diferente. Isso, por sua vez, requer uma mudança de atitude.

Em suma, a discussão das duas últimas seções se apoiou em uma determinada concepção da função da distinção entre dizer e mostrar, a qual julgo ser a correta. A leitura tradicional e a leitura resoluta, ao oferecerem

---

[140] TURGUÊNIEV, I. **Pais e Filhos**. Tradução de Rubens Figueiredo. São Paulo: Cosanaify, 2015. p. 36.
[141] *Ibid.*, p. 42.
[142] *Ibid.*, p. 65.

diferentes alternativas de resolução ao suposto paradoxo do comentário final do *TLP*, também são obrigadas a lidar com essa distinção. Nesse sentido, parece ser necessário aqui tecer alguns comentários sobre elas, antes de finalizar o primeiro capítulo. Como veremos, ambas conduzem a implicações indesejáveis para essa distinção e, por esse motivo, inoportunas também para compreender o lugar da ética na obra.

1.6 A Ética no *TLP*: entre as leituras tradicional e resoluta

Como vimos na última seção, se, por um lado, Wittgenstein parece chegar a conclusões paradoxais com relação à ética no *TLP*, o paradoxo some, uma vez que compreendemos adequadamente a função da distinção entre dizer e mostrar no livro. Acredito que o mesmo acontece com relação ao decreto final do livro. Sendo assim, uma compreensão adequada acerca do lugar da ética nesta obra parece ser importante para a compreensão da sua coerência interna. Acerca dessa última questão em particular duas alternativas principais emergem na literatura secundária: as leituras tradicional e resoluta.

Reconheço que, em certo sentido, o uso dos termos "leituras tradicional e resoluta" é impreciso. Há tanto um certo número de interpretações variantes dentro dessa taxonomia[143] quanto outras que não se enquadram nela[144]. Além disso, há também de se reconhecer um desenvolvimento dentro da própria leitura resoluta[145]. Seria impossível lidar com todos esses detalhes aqui. Para que nosso programa seja viável, portanto, concentrar-me-ei nos textos originários do debate. Tomarei os textos de

---

[143] Sobre essa dificuldade *cf.*, *e.g.*, CHEUNG, Leo. K. C. Ineffability and Nonsense in the Tractatus. *In:* GLOCK, Hans-Johann; HYMAN, John (ed.). **A companion to Wittgenstein**. Hoboken: Wiley Blackwell, 2017. p. 195-208; BRONZO, Silver. The Resolute Reading and Its Critics. **Wittgenstein-Studien**, Berlin: v. 3, n. 1, p. 45-80, 2012.

[144] *E.g.*, BLACK, Max. **A Companion to Wittgenstein's "Tractatus"**. Ithaca, New Y: Cornell University Press, 1964; MCGINN, Marie. **Elucidating the Tractatus**. Oxford: Clarendon Press, 2006; SULLIVAN, Peter. What is the Tractatus About? *In:* KOELBEL, Max.; WEISS, Bernhard (ed.). **Wittgenstein's Lasting Significance**. London: Routledge, 2004. p. 28-41; PEARS, David. **The False Prison:** A Study of the Development of Wittgenstein's Philosophy: Volume 1. Oxford: Clarendon Press, 1987; WHITE, Roger. Throwing the Baby out with the Ladder: on "therapeutic" readings of Wittgenstein's Tractatus. *In:* READ, Rupert; LAVERY, Mattew A. (ed.). **Beyond the Tractatus War:** The New Wittgenstein Debate. New York: Routledge, 2011. p. 22-65.

[145] Cf. *e.g.*, DIAMOND, Cora. Criss-Cross Philosophy. *In:* AMMERELLER, Erich; FISHER, Eugen (ed.). **Wittgenstein at Work:** Method in the Philosophical Investigations. London: Routledge, 2004. p. 201-220; CONANT, James, DIAMOND, Cora. On reading the Tractatus resolutely: reply to Meredith Williams and Peter Sullivan. *In:* KOELBEL, B. Max; WEISS, Bernhard (ed.). **Wittgenstein's Lasting Significance**. London: Routledge, 2004. p. 42-97.

Peter Hacker e Cora Diamond como fontes principais[146] das leituras tradicional e resoluta, respectivamente. Agora volto-me para os argumentos da leitura tradicional, cujo principal proponente é Hacker.

Para Hacker, o *TLP* de fato postula a existência de verdades necessárias[147]. Essas verdades servem particularmente para apoiar as bases metafísicas da lógica da figuração[148]. Por exemplo, que o mundo seja a totalidade dos fatos e que estes sejam compostos por objetos simples seria a pressuposição de uma necessidade metafísica com a qual a lógica se compromete[149].

Tais verdades, porém, não poderiam ser ditas, pois isso violaria as regras da sintaxe lógica e produziria contrassensos. A tentativa de dizê-las é uma pretensão tipicamente filosófica. Isso se dá porque a filosofia falha em compreender que elas constituem as bases da representação proposicional e, portanto, não podem ser representadas proposicionalmente. As proposições do *TLP* têm exatamente essa finalidade[150]. Porém, elas se diferem dos contrassensos filosóficos tradicionais, na medida em que a sua finalidade é impedir a propagação de mais contrassensos. Para isso, em um dado momento, elas revelam a sua própria ilegitimidade[151].

Nesse ponto, para a leitura tradicional, a importância da distinção entre dizer e mostrar entra conjuntamente com a de formular um simbolismo perfeito. Um simbolismo do tipo ensejaria que essas verdades se mostrassem no emprego previsto dos sinais em proposições empíricas bem construídas ou nas proposições sem sentido da lógica[152]. Tendo apreendido as verdades inefáveis por meio das proposições tractarianas que explicam o simbolismo, ficaria claro para a/o leitora/leitor o porquê de elas não poderem ser ditas. Assim, poder-se-ia ascender ao ponto de

---

[146] Eventualmente também recorrerei a GLOCK, Hans-Johann. **Dicionário Wittgenstein**. Rio de Janeiro: Jorge Zahar Editor, 1998; CONANT, J. Must we show what we cannot say? *In:* FLEMMING, Richard; PAYNE, Michael (ed.). **The Senses of Stanley Cavell**. Lewisburg: Bucknell University Press, 1989. p. 242-283.

[147] HACKER, P. M. S. Metaphysics: From Ineffability to Normativity. *In:* GLOCK, H.-J.; HYMAN, J. (org.). **A companion to Wittgenstein**. Hoboken: Wiley Blackwell, 2017. p. 210.

[148] HACKER, 1986, p. 20; HACKER, P. M. S. Was he trying to whistle it? *In:* CRARY, A.; READ, R. (org.). **The new Wittgenstein**. London: Routledge, 2001. p. 353-5.

[149] GLOCK, 1998, p. 129.

[150] HACKER, 2017, p. 217.

[151] HACKER, 1986, p. 18, *Cf.* também GLOCK, Hans-Johann. **Dicionário Wittgenstein**. Rio de Janeiro: Jorge Zahar Editor, 1998, p. 40.

[152] HACKER, 1986, p. 51; 2001, p. 368.

vista lógico correto, em que se reconhece a existência dessas verdades, mas também a ilegitimidade de toda tentativa filosófica de dizê-las[153].

Tal como afirma Hutto[154], o desejo de aliar o silêncio à posse de conteúdo necessário leva Peter Hacker e os defensores da leitura tradicional a se envolverem em implicações controversas. Por exemplo, (a) a introdução de uma noção de necessidade alheia ao *TLP* e o encolhimento da importância da distinção entre dizer e mostrar (b) como distinção central da obra e (c) como responsável pela da diferenciação de tipos de expressões mencionada na seção anterior.

O primeiro problema surge (a), porque tal leitura visa a atribuir aos contrassensos tractarianos o estatuto de verdades necessárias. No que toca à ética, como aponta Anne-Marie Christensen[155], isso implicaria que as verdades, embora não podendo ser ditas, existem como que em um domínio para além do mundo. Sendo assim, isso significaria que Wittgenstein sustentaria uma concepção de que a ética além de transcendental é transcendente, tal como afirma Hans-Johann Glock[156]. Isso, porém, levaria a uma espécie de cognitivismo ético de caráter platônico, segundo o qual conceitos éticos existiriam em um domínio metafísico independente, aguardando o momento de serem apreendidos.

Com efeito, isso parece ser incompatível com a posição de Wittgenstein. Como afirma Cora Diamond, ideia de necessidade ontológica é precisamente algo de que Wittgenstein quer nos livrar no *TLP*[157]. Talvez justamente por causa disso, em primeiro lugar, as noções de transcendental e transcendente sejam mutuamente excludentes para o *TLP*. Isto é, pensar em verdades necessárias transcendentes implicaria poder situar-se fora do domínio da necessidade ética – ou lógica – e isso contradiria a pretensão de assegurar-lhe a necessidade transcendental. Antes mesmo disso, tal como argumentei, não faz sentido falar de transcendência no universo do *TLP* dada a congruência entre os limites da lógica e os do mundo.

Além disso, embora Hacker reconheça a centralidade da distinção entre dizer e mostrar na obra[158], a sua caracterização dela não parece fazer

---

[153] HACKER, 1986, p. 26.
[154] HUTTO, 2003, p. 88.
[155] CHRISTENSEN, A.-M. S. Wittgenstein and ethics. *In:* MCGINN, M.; KUUSELA, O. (org.). **The Oxford Handbook of Wittgenstein**. Oxford: Oxford University Press, 2011. p. 801.
[156] GLOCK, 1998, p. 130-143.
[157] DIAMOND, C. **The Realistic Spirit:** Wittgenstein, Philosophy and the Mind. Cambridge, Massachusetts; London, England: MIT Press, 1995, p. 195.
[158] HACKER, 1986, p. 19; 2001, p. 372-3.

jus a esse reconhecimento. Pois a introdução de uma concepção estranha de necessidade (b) a destitui desse posto. O motivo disso é que, uma vez que é impossível que Wittgenstein tenha sido bem-sucedido em exprimir tais verdades inefáveis pela definição de linguagem adotada, os defensores da leitura tradicional são levados a postular nela uma espécie de brecha[159]. Com isso, a leitura tradicional parece afrouxar a sua restrição de sentido ou abrir-lhe uma exceção. Conforme concluí, isso colocaria em questão o caráter transcendental da lógica com o resultado de que, afinal, ela não é necessária a toda a expressão de sentido.

Por esse motivo, a leitura tradicional também (c) falha em avaliar o papel da distinção entre dizer e mostrar na diferenciação de tipos entre proposições empíricas e expressões de necessidade. Ao admitir que as proposições do *TLP* correspondem a necessidades ontológicas excepcionais, a leitura tradicional enfraquece a validade do que a distinção entre dizer e mostrar estabelece. Pois, com isso, ela estaria limitada apenas a outras proposições que não as tractarianas. Disso se seguiria que seria afinal logicamente possível formular proposições necessárias com sentido, embora não devêssemos fazê-lo para evitar confusões filosóficas. Assim, a leitura tradicional interpreta o silêncio tractariano como uma prescrição. Como vimos, porém, o sentido da proibição tractariana é mais forte do que isso: ele visa a estabelecer uma impossibilidade lógica de entrecruzamento de tipos de expressões, que está alinhado ao antieoreticismo tractariano[160]. Portanto, não é possível aceitar que haja uma exceção para as proposições do *TLP*, porque, por um lado, pela sua estrutura lógica, proposições não podem ser necessárias. E, por outro, expressões de necessidade lógica não podem ter conteúdo. Elas são expressões de regras para o uso correto do simbolismo[161].

Tal como afirma Daniel Hutto[162], se aceitássemos as implicações da leitura tradicional, seríamos obrigados a concordar com a sugestão de Russell de que a postulação de uma metalinguagem seria suficiente para resolver o problema de comunicar as verdades inefáveis. Com isso, seríamos levados a menosprezar a importância central da distinção entre dizer

---

[159] DIAMOND, 1995, p. 182.
[160] SATTLER, 2014, p. 52.
[161] ENGELMANN, M. L. Instructions for Climbing the Ladder (The Minimalism of Wittgenstein's Tractatus). **Philosophical Investigations**, [s. l.], v. 41, n. 4, p. 446-470, 2018a, p. 12; KUUSELA, 2011, p. 602.
[162] HUTTO, 2003, p. 89.

e mostrar, tal como ele próprio faz[163]. Contudo, isso não seria apropriado, uma vez que Wittgenstein faz afirmações explícitas sobre a centralidade da distinção para o seu pensamento da época[164].

A leitura resoluta surge como alternativa para esses problemas. Na literatura, é frequente enfatizar o seu mérito de dar atenção ao objetivo ético do *TLP*[165]. Segundo Cora Diamond – principal proponente dessa leitura –, o significado correto do ponto de vista lógico resultante da leitura do livro consiste em fazer cessar a tendência metafísica de postular verdades necessárias[166]. Isso implica no abandono da concepção de necessidade ontológica.

Segundo ela, o caminho correto para isso exige levar a sério as palavras de Wittgenstein quando ele nos exorta para que joguemos fora os contrassensos tractarianos depois de tê-los lido, sem querer salvá-los no final[167]. Não fazer isso, afirma ela, seria "amarelar" para as conclusões do *TLP* e perder totalmente o ponto do livro[168]. Para não amarelar, é necessário atentar devidamente para os comentários de moldura da obra[169] situados no prefácio e nas observações finais do *TLP* (aforismos 6.53, 6.54 e 7). Eles devem ser lidos de maneira especial, pois contêm diretrizes sobre o modo correto de ler o livro[170]. Isto é, eles não devem ser lidos como contrassensos a serem jogados fora depois de se atingir o ponto de vista lógico correto.

---

[163] "[...] o senhor Wittgenstein, no final das contas, consegue dizer uma porção de coisas sobre o que não pode ser dito, sugerindo assim [...] que possivelmente haja escapatória através de uma hierarquia de linguagens ou alguma outra saída [...] que toda linguagem tenha, como diz o senhor Wittgenstein, uma estrutura sobre a qual, *na linguagem*, nada possa ser dito, mas que possa haver outra linguagem que trate da estrutura da primeira linguagem e tenha, ela própria, uma nova estrutura, e que possa não haver limite para essa hierarquia de linguagens" (WITTGENSTEIN, Ludwig. **Tractatus logico-philosophicus**. Tradução: Luiz Henrique Lopes Dos Santos. 3. ed. São Paulo: Edusp, 2017. Prefácio, p. 120-1).

[164] WITTGENSTEIN, 2008, p. 98.

[165] *Cf.*, por exemplo., ENGELMANN, Mauro. L. What Does It Take To Climb the Ladder? (a Sideways Approach). **Kriterion**: Revista de Filosofia, v. 59, n. 140, p. 591-611, 2018, p. 596; HUTTO, Daniel. D. **Wittgenstein and the end of philosophy:** Neither theory nor therapy. London: PALGRAVE MACMILLAN, 2003, p. 91-2; SATTLER, Janyne. **L'Éthique du Tractatus:** non-sens, stoïcisme et le sens de la vie. Pelotas: NEPFIL online, 2014. p. 137.

[166] DIAMOND, 1995, p. 184; 2001, p. 150.

[167] DIAMOND, 1995, p. 18; 182.

[168] DIAMOND, 1995, p. 194.

[169] É provável que a ideia de moldura (*frame remarks*) venha da leitura da carta de Wittgenstein a Ludwig von Ficker (ENGELMANN, Mauro. L. What Does It Take To Climb the Ladder? (a Sideways Approach). **Kriterion**: Revista de Filosofia, v. 59, n. 140, p. 591-611, 2018, p. 598; SATTLER, Janyne. **L'Éthique du Tractatus:** non-sens, stoïcisme et le sens de la vie. Pelotas: NEPFIL online, 2014. p. 126, n. 94). Nela, o filósofo sugere que Ficker se dirija à leitura do Prefácio e das observações finais do livro para compreendê-lo, pois, segundo Wittgenstein, nessas partes seu objetivo principal é afirmado mais claramente (*Cf.* WITTGENSTEIN, Ludwig *et al.* **Briefe an Ludwig von Ficker**. Salzburg: O. Müller, 1969).

[170] DIAMOND, 2001, p. 151.

Uma das principais informações que a moldura do livro nos fornece, segundo Diamond[171], é que Wittgenstein adota uma visão de contrassenso austera (*an austere view of nonsense*), no sentido de unívoca. Isso implica que tanto "apo skpa oks" quanto "o bem absoluto é a vida levada segundo uma vontade autônoma" e *TLP* 1: "o mundo é a totalidade de fatos" são contrassensos da mesma natureza[172]. Se fazemos diferenciações entre os tipos de contrassenso, isso se dá unicamente por causa de uma contribuição associativa da nossa parte enquanto leitoras(es)[173]. É precisamente isso que causa a ilusão de que verdades necessárias são pensamentos que existem, mas não podem ser ditos por proposições[174].

Para argumentar em favor disso, Diamond[175] coloca um grande peso em *TLP* 5.473-3 como fornecendo um critério de sentido. Esses aforismos, afirma ela, mostrariam que a atribuição de verdades necessárias é um resultado advindo do pensamento ilusório de que atribuímos significados a certos sinais familiares sem, todavia, o termos feito. A formulação de um simbolismo perfeito impediria tais erros, daí sua importância. Seu objetivo é fornecer uma maneira de traduzir sentenças da linguagem cotidiana para a forma de um simbolismo perspícuo, em que eventuais não atribuições de significado fiquem de antemão claras[176].

James Conant dá um apoio à leitura de Diamond nesse ponto. Segundo ele, o papel do simbolismo no *TLP* vem da influência de Frege e Russell[177]. Para ele, isso seria feito em duas etapas. Em primeiro lugar, mostrando que uma proposição pode revelar uma má formação quando traduzida para um simbolismo, embora aparente estar bem formada em uma gramática de linguagem natural. Isso significa que, em segundo lugar, alguns pensamentos, que parecem licitamente exprimíveis em sentenças da linguagem cotidiana, na verdade, não podem ser traduzidos para o simbolismo. O motivo disso, para ambos, é o fato de que, na verdade, nessas sentenças não há nenhum pensamento, isto é, algo que elas tentavam exprimir, porém, não conseguiam. Isso ocorreria com as verdades necessárias da metafísica: o pensamento de que elas existem,

---

[171] *Ibid.*, p. 153.
[172] *Ibid.*, p. 155.
[173] *Ibid.*, p. 159.
[174] DIAMOND, 1995, p. 197-8.
[175] *Ibid.*, p. 196-7.
[176] *Ibid.*, p. 184.
[177] CONANT, 1989, p. 258.

porém são inefáveis, seria uma ilusão. Não existiria nada a ser mostrado para além da própria contrassensualidade dessas *pseudo*-proposições[178].

Com efeito, a tentativa de mostrar que a pretensão do *TLP* é erradicar a ideia de verdades necessárias é uma vantagem da leitura resoluta. Porém, essa parece ser uma vitória de Pirro com relação à leitura tradicional. Afinal, não havendo distinções entre contrassensos, todas as proposições do livro devem ser jogadas fora no final da leitura após terem servido seu papel meramente transitório[179]. Contudo, isso acarreta o sacrifício de todas as intuições positivas da obra, em particular, as proposições que tratam da natureza da lógica, da ética e da distinção entre dizer e mostrar[180]. Se, porém, é verdade como afirmam Dall'Agnol[181] e Sattler[182], que tal distinção é necessária para alinhar essas intuições ao objetivo ético antiteorético do *TLP*, o resultado da leitura resoluta parece indesejável.

Além disso, a tese da univocidade do contrassenso é problemática, porque ela apaga o verdadeiro perigo do contrassenso – particularmente o filosófico –, qual seja, a pretensão de ascender a um ponto de vista privilegiado externo às nossas expressões de necessidade mantendo, porém, pretensões de sentido. Em comparação a esses, os contrassensos absurdos (*e.g.*, "apo skpa oks") são inofensivos, porque eles não apresentam essa tendência e podem ser reconhecidos como tais de prontidão[183].

Com efeito, Diamond reconhece que, para Wittgenstein, a filosofia envolve um tipo de ilusão baseada na aceitação da existência de verdades necessárias [184]. Segundo Janyne Sattler, porém, é exatamente a diferença entre tipos de contrassenso que deve ser assegurada para justificar o programa tractariano de colocar um fim a esse tipo de filosofia, porque seus contrassensos são enganadores[185]. Sem isso, a sua proibição final parece arbitrária. Portanto, a leitura resoluta implica em jogar fora os dois principais degraus da escada tractariana contra abordagens teóricas da lógica e da ética.

---

[178] CONANT, 1989, p. 263.
[179] DIAMOND, 1995, p. 183-5.
[180] HACKER, 2001, p. 358; 369.
[181] DALL'AGNOL, 2005, p. 159.
[182] SATTLER, 2014, p. 146.
[183] *Ibid.*, p. 127-8; 147.
[184] DIAMOND, 1995, p. 184.
[185] SATTLER, 2014, p. 115.

CONCLUSÃO DO CAPÍTULO I

Como vimos, uma visão do *TLP* como obra acabada depende fundamentalmente de uma compreensão adequada do papel que nela tem a distinção entre dizer e mostrar. Com efeito, Wittgenstein a considerava sem exageros o ponto cardinal da obra[186]. Em especial, tal distinção é importante também para alcançar uma compreensão adequada da concepção de ética de Wittgenstein. A partir dela, foi possível reservar às expressões éticas um espaço ao lado das "proposições da lógica". Com isso, caracterizei ambas como expressões de necessidade e mostrei que, por isso, para Wittgenstein, elas devem receber um tratamento diferenciado com relação às proposições empíricas convencionais. Isso também permitiu entender por que a recusa de Wittgenstein às proposições éticas não leva ao silêncio absoluto nesse domínio como afirmam os autores da leitura convencional. Com a ética, assim como no caso da lógica, Wittgenstein apenas quer assegurar que o seu domínio, o domínio do sentido, não possa ser reduzido ao domínio empírico.

Chegar a essas conclusões é importante, pois já disponibiliza um argumento que será futuramente remobilizado contra a leitura convencional. A saber, mostrar que Wittgenstein já adota uma posição aberta com relação às expressões éticas mina o argumento dessa leitura de que isso só aconteceria a partir da concepção de jogos de linguagem e que, por isso, essa concepção desencadeia uma mudança na sua concepção de ética.

Veremos no próximo capítulo como Wittgenstein dá os primeiros passos para problematizar alguns pontos do *TLP*. Veremos também a compreensão da leitura convencional sobre o lugar da ética na obra, a qual difere diametralmente da apresentada até agora.

---

[186] Wittgenstein afirma isso em carta a Russell de 19 de agosto de 1919 (MONK, R. **Wittgenstein:** o dever do gênio. Tradução de Carlos Afonso Malferrari. São Paulo: Companhia das Letras, 1995. p. 157).

# CAPÍTULO II

AJUSTES PÓS-*TRACTATUS* E LEITURA CONVENCIONAL

2.1 Problema das Cores

O delineamento do problema lógico da exclusão das cores é importante aqui para nossos objetivos, porque ele representa o primeiro grave golpe ao programa tractariano de uma lógica absoluta[187]. Isso porque tal problema revela a dificuldade tractariana em acomodar elementos holistas na sua concepção de lógica. Para os autores da leitura convencional, como veremos, isso representa o ensejo para uma mudança radical na concepção de ética de Wittgenstein.

Como vimos, a teoria pictórica assume que se possa tratar complexos elementares de nível linguístico – proposições – do mesmo modo que complexos elementares de nível ontológico – estados de coisas. Segundo Marcos Silva[188], isso só é possível assumindo (1) uma tese composicionalista e (2) a tese da independência entre os complexos elementares.

Segundo o autor [189], o composicionalismo se refere à tese de que um complexo elementar, isto é, uma proposição ou um estado de coisas da forma *aRb*, pode ser analisado e compreendido exaustivamente apenas a partir da contribuição de seus elementos simples. Ou seja, sem levar em consideração a sua relação com outros complexos elementares. O autor compreende o composicionalismo tractariano como um caso particular,

---

[187] SILVA, M. Wittgenstein, cores e sistemas: aspectos lógico-notacionais do colapso do tractatus. **Analytica**. Revista de Filosofia, Rio de Janeiro, v. 15, n. 2, p. 229-264, 2011, p. 231; Sobre a fragmentação do espaço lógico tractariano. **Argumentos -** Revista de Filosofia, [*s. l.*], v. 12, n. 24, p. 53-69, 2020, p. 55.

[188] SILVA, M. Holismo e verofuncionalidade: sobre um conflito lógico-filosófico essencial. **Philósophos -** Revista de Filosofia, Goiânia, v. 18, n. 2, p. 167-200, 2013, p. 172.

[189] *Ibid.*, p. 171.

uma vez que Wittgenstein o combina com a verofuncionalidade[190]. A verofuncionalidade, por extensão, refere-se à tese de que todas as proposições complexas – proposições elementares combinadas com operadores – devem ser entendidas a partir das suas proposições elementares constituintes. Tal como afirma Wittgenstein em *TLP* 4.4 e 4.41: "A proposição é a expressão da concordância e discordância com as possibilidades de verdade das proposições elementares [...] [tais possibilidades] são as condições de verdade e falsidade das proposições". Nesse sentido, o composicionalismo tractariano se opõe diametralmente ao holismo que é a tese segundo a qual a compreensão exaustiva de um complexo depende da compreensão de todas as outras relações conceituais com outros complexos em um dado sistema[191].

Com efeito, parece natural que Wittgenstein assuma uma posição composicionalista no *TLP*, afinal, se a completude do sentido da proposição depende apenas da sua estrutura lógica interna, o sentido de uma proposição só pode depender dos seus elementos constituintes. Não pode depender, por exemplo, das relações conceituais que esses elementos tenham com outros complexos elementares[192]. Analogamente, no nível verofuncional, isso implica que o valor de verdade de uma proposição não pode depender do de outra. Caso contrário, cair-se-ia em uma regressão infinita, segundo a qual o valor de verdade de uma proposição dependeria do de outra e assim por diante[193].

A partir disso, percebe-se que a lógica tractariana é completamente neutra com relação ao conteúdo conceitual das proposições. Isso fica claro a partir da seguinte afirmação de Wittgenstein:

> É claro que temos um conceito de proposição elementar, [sic] abstração feita de sua forma lógica particular. Onde se pode, todavia, constituir símbolos de acordo com um sistema, é esse sistema que é logicamente importante, e não os símbolos singulares[194].

Ou seja, as regras da lógica são simplesmente combinatórias e sintáticas (vazias de significado e sentido). Isso porque, para Wittgenstein,

---

[190] Para ele, isso se confirma no fato de Wittgenstein repetir a tese da independência entre complexos tanto na "parte ontológica" do livro (*Cf. TLP* 1.21, 2.061 e 2.062) quanto na parte (linguística) em que trata da verofuncionalidade (*Cf. TLP* 5.134), confirmando, assim, a "ascendência" que marca o composicionalismo tractariano (SILVA, Marcos. Holismo e verofuncionalidade: sobre um conflito lógico-filosófico essencial. **Philósophos** - Revista de Filosofia, v. 18, n. 2, p. 167-200, 2013, p. 172).

[191] *Ibid.*, p. 172-3.

[192] *TLP* 2.061-2.

[193] *TLP* 2.0211.

[194] *TLP* 5.555.

a lógica deveria cuidar apenas da forma da expressão do pensamento que é autônoma com relação ao conteúdo e às relações conceituais[195]. Apesar disso, ela ainda deve antecipar a formulação de todas as possíveis proposições elementares: "Podemos falar de funções desta e daquela espécie sem ter em vista uma aplicação determinada. Pois não nos ocorre nenhum exemplo quando utilizamos Fx e todos os outros sinais formais variáveis"[196]. A aplicação da lógica deve apenas estabelecer o significado e o sentido das proposições elementares, mas não pode alterar o esqueleto sintático em que essa construção se baseia. Por esse motivo, a aplicação da lógica não pode ir de encontro com a sintaxe lógica, compreendida, nesse sentido, como absoluta[197].

Essa concepção de lógica é construída sobre a principal intuição da filosofia da lógica de Wittgenstein, qual seja, de que as proposições da lógica – tautologias e contradições – são um caso especial do simbolismo, pois apenas mostram as propriedades formais da linguagem, mas não têm sentido. Para Silva[198], isso significa que a lógica do *TLP* se apoia em um sistema dual de exclusões, isto é, um sistema que só permite a bipolaridade – uma proposição só poderia ser excluída pela sua negação – e a necessidade lógica, restrita às proposições da lógica. Assim sendo, dentro do contexto da herança russelliana de análise lógica, o *TLP* assume que qualquer relação de mútua exclusão restante deve ser um sinal de que a análise lógica não foi feita até o fim. O trabalho para se chegar a uma base comum absoluta de proposições elementares independentes ainda haveria de ser concluído[199].

Nesse contexto, a questão da exclusão das cores[200] se torna um grande problema[201] para o *TLP*[202]. Isso porque as cores representam um

---

[195] *TLP* 5.473, 5.557, 6.124.
[196] *NB* 19.6.15.
[197] *TLP* 5.557
[198] SILVA, 2011, p. 244.
[199] SILVA, 2020 p. 56.
[200] Não é só um problema das cores, mas de quaisquer predicados fenomenológicos simples (HINTIKKA, Merrill B.; HINTIKKA, Jaakko. **Uma investigação sobre Wittgenstein**. Tradução de Enid Abreu Dobránszky. Campinas, SP: Papirus Editora, 1993, p. 130; SILVA, Marcos. Holismo e verofuncionalidade: sobre um conflito lógico- filosófico essencial. **Philósophos** - Revista de Filosofia, v. 18, n. 2, p. 167-200, 2013, p. 195).
[201] Alguns autores discordam disso. Eles afirmam que o problema pode sim ser resolvido no âmbito da lógica tractariana, embora o próprio Wittgenstein não o tenha conseguido fazer (HINTIKKA, Merrill B.; HINTIKKA, Jaakko. **Uma investigação sobre Wittgenstein**. Tradução de Enid Abreu Dobránszky. Campinas, SP: Papirus Editora, 1993, p. 166-7; WRIGHT, Georg H. VON. Sobre cores. uma fantasia lógico-filosófica. **Analytica**. Revista de Filosofia, v. 15, n. 2, p. 265-275, 2011).
[202] SILVA, 2020, p. 55.

exemplo de sistema de múltiplas relações de exclusão, complementaridade e contraditoriedade. Ou seja, relações conceituais com as quais a lógica não deveria se ocupar[203]. A lógica tractariana não consegue explicar por que predicados como (*a*) "A é vermelho" e (*b*) "A é verde" são autoexcludentes. Isso porque, para fazê-lo, seria necessário considerar a relação fenomênica do sistema de cores em seu domínio particular[204]. Aceitar isso, porém, seria inviável, de acordo com TLP 2.062, que diz que proposições elementares não são dedutíveis umas das outras[205] e, portanto, o produto lógico de duas proposições elementares não pode ser uma contradição[206].

De qualquer forma, continua sendo impossível que duas cores possam referir-se simultaneamente ao mesmo ponto no campo visual[207]. Ademais, a atribuição de uma cor não pode ser feita em um ponto isolado de um campo visual. Se isso é assim, o que a tabela de verdade deve mostrar é que para qualquer valor de verdade o valor da conjunção $a \& b$ é sempre falsa. Porém, como dito, segundo a concepção de lógica de Wittgenstein, se há alguma relação de necessidade ou dependência, essa deve estar restrita ao reino da lógica[208]. Wittgenstein reconhece a necessidade de lidar com isso nesse momento, mas posterga o problema para uma eventual aplicação da lógica, a tarefa de mostrar como uma combinação do tipo deve ser bloqueada[209].

Segundo Silva[210], o que Wittgenstein ainda não consegue perceber nesse momento é que uma saída para esse problema é inviável para uma concepção de lógica puramente verofuncional, porque ela visa justamente não fazer afirmações sobre relações entre complexos. O que ele não consegue perceber é que dois complexos elementares de um mesmo sistema não se comportam da mesma forma que complexos de sistemas diferentes que, de fato, não podem estar em relações de implicação ou exclusão. No caso, (*a*) "A é vermelho" e (*b*) "A é verde" não fazem o mesmo sentido

---

[203] SILVA, 2011, p. 233.
[204] SILVA, 2013, p. 195-6.
[205] A implicação estranha disso seria de que "vermelho" e "azul" não se referem a objetos simples, pois para o TLP, quando há implicações, há complexidade. Portanto, expressões predicando cores não seriam proposições elementares e estão, na verdade, sujeitas à continuidade da análise lógica (HINTIKKA, Merrill. B.; HINTIKKA, Jaakko. **Uma investigação sobre Wittgenstein**. Tradução de Enid Abreu Dobránszky. Campinas, SP: Papirus Editora, 1993. p. 160).
[206] TLP 6.3751.
[207] TLP 6.3751.
[208] HINTIKKA; HINTIKKA, 1993, p. 160.
[209] TLP 6.3751.
[210] SILVA, 2011, p. 244.

separadamente como (*a*) e "A é grande". Isso porque elas compartilham o pano de fundo de um mesmo sistema de coordenadas, que prevê múltiplas relações entre todas as proposições envolvidas. O que o problema mostra é a dificuldade do *TLP* em lidar com os elementos holistas que são trazidos à discussão pela questão das cores. Sendo assim, para dar conta da complexidade lógica interna a esses sistemas seria necessário romper com as exigências composicionalistas da lógica tractariana e começar a analisar o conteúdo das proposições elementares. Segundo Marcos Silva, essa *mea culpa* de admitir a incompletude da concepção tractariana verofuncionalista de lógica para lidar com essas situações é exatamente o que Wittgenstein faz mais tarde no parágrafo 83 das suas *Philosophische Bemerkungen*:

> O conceito de proposição elementar perde agora totalmente o seu significado anterior. As regras sobre 'e', 'ou', 'não' etc., que eu apresentei através da notação V-F, são apenas uma parte da gramática destas palavras, mas não toda ela [...] As proposições que, por exemplo, são ligadas através do 'e' não são independentes uma da outra, mas elas formam uma figuração [Bild] e se deixam provar quanto a sua possibilidade ou impossibilidade de união[211].

Em suma, o resultado dos problemas supra apresentados significará, para Wittgenstein, o abandono da analogia do cálculo para pensar o funcionamento da linguagem. Isso porque o seu papel era justamente justificar a manipulação dos símbolos sem considerar o seu significado[212]. Como dito na citação, as regras da linguagem não podem ser todas de caráter sintático. Há regras desse tipo, mas também há uma infinidade de regras semânticas dadas por domínios conceituais particulares.

2.2 Conferência sobre Ética

A *CE*, em particular, assume um papel de destaque na nossa discussão. Em primeiro lugar, porque ela é um dos poucos textos em que Wittgenstein se debruça sobre a questão da ética de maneira mais direta. Em segundo, porque ele se situa precisamente em um período considerado como transitório entre o seu primeiro e segundo momento filosófico. Aqui

---

[211] *Apud* SILVA, Marcos. Sobre a fragmentação do espaço lógico tractariano. **Argumentos -** Revista de Filosofia, v. 12, n. 24, p. 53-69, 2020, p. 57. Tradução em inglês: WITTGENSTEIN, L. **The Collected Works of Ludwig Wittgenstein**. Tradução de Gertrude E. M. Anscombe. 2. ed. Oxford, UK: Basil Blackwell, 1998.

[212] HINTIKKA; HINTIKKA, 1993, p. 35; SILVA, 2011, p. 242.

me proponho tão somente a apresentar os argumentos de Wittgenstein nesse texto e apontar alguns elementos de continuidade entre ele e o *TLP* no que toca à sua concepção de ética[213].

Proeminente neste texto é a distinção entre tipos de juízos de valor. De acordo com ela, há juízos de valor relativos e absolutos, porém, só os deste segundo tipo são genuinamente éticos[214]. Para se referir ao primeiro tipo, Wittgenstein se utiliza de alguns exemplos como "esta é uma boa jogadora de futebol" ou "este é um bom vinho". Nesses casos, segundo ele, nós julgamos com base em algum padrão ou propósito avaliativo pré-estabelecido. Segundo ele,

> [...] a palavra bom [ou qualquer outro conceito ético] aqui tem somente significado na medida em que tal propósito tenha sido previamente fixado. De fato, a palavra bom (*sic*) no sentido relativo significa simplesmente que satisfaz um certo padrão predeterminado[215].

Por exemplo, quando falamos em uma boa jogadora de futebol, isso pressupõe algum padrão constituído por um conjunto habilidades que faz com que ela tenha um bom desempenho no jogo.

Wittgenstein concede que esse tipo de juízos valorativos possui uma aparência ética, pois eles mobilizam conceitos que nos provocam associações de natureza ética, por exemplo, o conceito de "bom". Apesar disso, para ele, esses juízos não são genuinamente éticos. Isso porque essas formulações podem ser inteiramente traduzidas, de forma que tais associações éticas desapareçam. Por exemplo, uma boa jogadora é, no fundo, simplesmente alguém que possui certas habilidades; explicar por que a chamamos de boa significa descrever tais habilidades. Para Wittgenstein, essa intuição revela que: "[...] cada juízo de valor relativo é um mero enunciado de fatos e, portanto, pode ser expresso de tal forma que perca toda a aparência de juízo de valor"[216]. Isso mostra que tais juízos

---

[213] Neste momento ainda não disponho do pano de fundo conceitual necessário para avaliar outros elementos do desenvolvimento filosófico de Wittgenstein presentes nesse texto. Um fator essencial para essa análise é a questão do uso dos exemplos. Para abordá-la, no entanto, é necessário tratar antes do posicionamento de Wittgenstein com relação à sua concepção de método e à concepção de definição real. Essa discussão, por sua vez, só pode ser feita a partir da concepção de semelhanças de família, a qual aparecerá apenas no próximo capítulo. Por esse motivo, postergarei a discussão desses outros elementos da *CE* até a seção 3.2.5, em que ele poderá ser apresentado sem maiores excursões no nosso argumento.

[214] WITTGENSTEIN, 2005, p. 217.

[215] *Ibid.*, p. 217.

[216] *Ibid.*, p. 217.

de valor são, na verdade, expressões descritivas, isto é, proposições. E o que é característico dessas expressões, para Wittgenstein, é que "não há proposições que em sentido absoluto sejam sublimes, importantes ou triviais"[217]. Ou seja, elas por si mesmas não apresentam apelos ao domínio do sentido ético.

Diferentemente, para Wittgenstein, os juízos de valor absolutos são genuinamente éticos, porque eles não se referem a algo de empírico, expresso por um padrão ou propósito predeterminado, mas carregam um apelo ao domínio do sentido ético que é *sobrenatural* – isto é, diferenciado do domínio natural dos fatos. Como dito no primeiro capítulo, isso significa que eles são referências ao modo que nós encaramos os fatos, as ações etc. Tais juízos podem representar um apelo para que nós reorientemos a nossa percepção das coisas, como sendo dotadas de valor e, por isso, são formuladas como colocando sobre nós prescrições a serem observadas por elas mesmas e não com vistas a algo para além delas. Isso é perceptível no exemplo que Wittgenstein fornece. Ao afirmar "que extraordinário que o mundo exista"[218], o que está em questão é chamar atenção para uma perspectiva sobre o sentido da existência e não a cosmologia da forma como os astrônomos a discutem.

Julgo que essa distinção apresenta um importante traço de continuidade na concepção de ética de Wittgenstein. Janyne Sattler[219], por exemplo, afirma que, embora Wittgenstein não mencione a distinção entre dizer e mostrar nesse texto, ela subjaz a distinção entre juízos de valor relativos e absolutos. Como vimos no *TLP*, a função da primeira distinção era enfatizar a necessidade de um tratamento diferenciado para juízos necessários, tais como as "proposições da lógica" e as expressões valorativas éticas. A postulação dessa diferença de tipos parece ser exatamente o tipo de intenção que está por trás da distinção entre juízos relativos e absolutos na *CE*. Isso significa que, por mais que a distinção entre dizer e mostrar não apareça nesse texto, Wittgenstein mantém a intenção argumentativa para a qual ela era mobilizada.

Outra implicação dessa distinção na *CE* é o argumento metaético tractariano sobre a natureza da investigação ética. Wittgenstein novamente adota uma visão antirreducionista radical. Para ele:

---

[217] Ibid., p. 218.
[218] Ibid., p.220.
[219] SATTLER, 2013, p. 190-1.

> [...] o *bem absoluto*, se é um estado de coisas descritível, seria aquele que todo o mundo, independentemente de seus gostos e inclinações, realizaria *necessariamente* e se sentiria culpado de não fazê-lo. Quero dizer que tal estado de coisas é uma quimera[220].

Isto é, para que houvesse proposições éticas deveria ser possível apresentar uma descrição de algo com valor absoluto. A ética, assim, seria uma disciplina no sentido cognitivo, pois exerceria a função de aumentar nosso conhecimento acerca do valor desse algo. Uma proposição ética carregaria a descrição de algo que existisse independentemente de quaisquer mudanças no estado atual de configuração dos fatos. Algo cujas condições de existência fossem satisfeitas em todos os casos em que tal proposição fosse formulada. Uma vez que a sua descrição prevalecente sobre a natureza da ética é dada a partir do caráter de necessidade dos juízos éticos, Wittgenstein rejeita essa descrição sobre a natureza da investigação ética, pois isso equivaleria a atribuir-lhe um estatuto empírico. Com isso, parece que ele está aqui repetindo um movimento característico do *TLP*, qual seja, afirmar que a ideia de necessidade não é compatível com a possibilidade de descrever algo positivamente. Por isso, para ele, a descrição supra torna o objeto de investigação da ética uma quimera.

Por fim, isso também conduz a um terceiro argumento tractariano presente na *CE*. Qual seja, a interdição de tratar os dois tipos de expressões indistintamente, isto é, tentar formular expressões éticas descritivas[221]. Wittgenstein deixa isso claro a partir da diferença de tipos que discutia há dois parágrafos. Segundo ele, "[...] apesar de que se possa mostrar que todos os juízos de valor relativos são meros enunciados de fatos [sem apelo ao domínio do sentido], nenhum enunciado de fato pode *ser* nem implicar um juízo de valor absoluto"[222]. Ou seja, como dizia antes, a

---

[220] WITTGENSTEIN, 2005, p. 219.

[221] Além dessas evidências na *CE*, em ocasiões desse mesmo período de 1929-32, como suas conversas com o Círculo de Viena e em algumas palestras em Cambridge, Wittgenstein parece retornar a esses tópicos da sua concepção de ética. Em conversa de 1929 com o Círculo de Viena, por exemplo, Wittgenstein reforça a sua rejeição das concepções teóricas de ética, cujo conteúdo ele caracteriza como palavrório (*Geschwätz*). Segundo ele, uma compreensão adequada do papel da ética deve colocar um fim nas questões que concepções do tipo levantam. Quais sejam, se há um conhecimento ético, se valores existem como propriedades físicas, se o "bem" pode ser definido a partir de uma definição real etc. Para Wittgenstein, todas essas questões são típicas do discurso científico e, por isso, ele considera que não são apropriadas para tratar de ética. Por esse motivo, ele sustenta que qualquer tentativa de responder essas perguntas deve ser considerada *a priori* como inválida (WAISMANN, Friedrich; MCGUINESS, Brian. **Wittgenstein und der Wiener Kreis**. Frankfurt am Main: Suhrkamp, 1996. p. 68-9).

[222] WITTGENSTEIN, 2005, p. 218, grifos no original.

partir de Gaita, juízos éticos são especiais, porque são apelos ao domínio da ética, isto é, ao domínio do sentido, e isso coloca os fatos e as proposições fora de discussão, pois, novamente, "não há proposições que, em qualquer sentido absoluto, sejam sublimes, importantes ou triviais"[223]. Isto é, proposições não possuem valor (leia-se, sentido ético valorativo). Em suma, com isso, como afirma Janyne Sattler[224], Wittgenstein, alinhado à sua intenção no *TLP*, está recusando que as expressões éticas sejam reduzidas às condições de dizibilidade.

Como mostraremos em seguida, a leitura convencional apresenta um entendimento diferente desse texto. Para os autores dessa leitura, a *CE* já apresenta indícios de uma forma de tratar a ética inteiramente diferente com relação ao *TLP*, a qual culminaria nas *IF* com a mobilização definitiva das concepções de jogos de linguagem, semelhanças de família e formas de vida. Para essa leitura, é apenas com isso que Wittgenstein resolve algumas tensões latentes já desde o *TLP* entre a sua concepção de linguagem e de ética. Exporei a seguir esse posicionamento em detalhes.

2.3 A leitura convencional

A leitura convencional[225] defende que é somente com as mudanças que se iniciam a partir do chamado período intermediário de Wittgenstein que se abre um caminho para a possibilidade de um tratamento mais positivo para a ética. Como veremos, para esses autores, a concepção de ética esboçada no capítulo anterior é abandonada como resultado do desenvolvimento filosófico de Wittgenstein. Isso porque, segundo eles, há, desde o *TLP* e ao longo desse desenvolvimento, uma subordinação da sua concepção de ética à sua concepção de linguagem.

A principal evidência textual para essa leitura é o aforismo 6.42 de *TLP*, em que Wittgenstein afirma que "[...] tampouco pode haver proposições

---

[223] *Ibid.*, p. 218.
[224] SATTLER, 2012, p. 49-50.
[225] Todas as traduções dos textos dos autores da leitura convencional são de nossa autoria, com exceção do texto de Hans-Johann Glock. Esses autores são: GLOCK, Hans-Johann. **Dicionário Wittgenstein**. Rio de Janeiro: Jorge Zahar Editor, 1998; REDPATH, Theodor. Wittgenstein and Ethics. *In:* AMBROSE, Alice; LAZEROWITZ, Morris (ed.). **Ludwig Wittgenstein:** philosophy and language. London: Routledge, 1972. p. 95-119; RHEES, Rush. Some developments in Wittgensteins ethics. **The Philosophical Review**, v. 74, n. 1, p. 17-26, 1965; RHEES, Rush. Ethical reward and punishment. *In:* GAITA, Raimond (ed.). **Value and Undestanding**. London: Routledge, 1990. p. 179-193; WALKER, Jeremy. Wittgenstein's earlier ethics. **North American Philosophical Publications**, v. 5, n. 4, p. 219-232, 1968.

na ética". O contexto deste aforismo é, por sua vez, dado pelo *TLP* 6.4. Lá Wittgenstein afirma que "Todas as proposições têm igual valor". Segundo a leitura adotada por nós, tal posição valorativa pode ser legitimamente expressa por expressões necessárias sem pretensões de sentido proposicional. Isto é, expressões que não pretendem ser descritivas. Para leitura convencional, em sentido contrário, isso não é possível. Contrariamente, Rush Rhees, por exemplo, apresenta uma razão com dois parâmetros diferentes para justificar apenas a possibilidade de expressões de necessidade na lógica. Ele afirma que "[...] 'o valor absoluto existe fora do mundo dos fatos' e 'a necessidade lógica existe fora do mundo dos fatos'. Nenhum dos dois pode ser expresso, mas a necessidade lógica pode ser mostrada enquanto o valor absoluto não"[226]. Essa posição é reverberada nos textos de outros autores dessa leitura. Vejamos a seguinte citação de Hans-Johann Glock: "Ao contrário do que ocorre com a estrutura lógica da linguagem, entretanto, o valor ético não é sequer mostrado em proposições dotadas de significado"[227].

Theodor Redpath interpreta algumas recordações de conversas com Wittgenstein nessa mesma linha. Ele afirma abertamente: "Eu não consigo ver como algo que Wittgenstein tenha dito neste texto mostre que juízos éticos são inexpressíveis"[228]. Isso pode fazer parecer que ele adota uma posição segundo a qual seria possível no *TLP* um tratamento positivo para a ética. Não obstante, essa afirmação é feita em um contexto de avaliação crítica da posição de Wittgenstein. Redpath, portanto, só o afirma porque discorda do filósofo de que haja realmente uma impossibilidade conceitual de formular juízos éticos por meio de proposições. Pouco antes, por exemplo, ele afirma que ao sustentar que valores éticos não podem ser expressos por proposições: "[...] ele [Wittgenstein] manufaturara a 'prisão' contra cujas paredes ele nos diz que é 'perfeita e absolutamente sem esperança' correr" [229]. Ou seja, se Wittgenstein mantém essa posição problemática com relação à ética, é porque ele próprio conduzira dessa

---

[226] RHEES, 1965, p. 17. Ele reafirma esse ponto em um texto de anos depois: "Para o *Tractatus*, eu não vejo como poderia haver, de qualquer forma, uma expressão de valor absoluto". Isso porque, para o autor, uma expressão do tipo "[...] não teria se ajustado à afirmação do *Tractatus* de que 'o que é ético não pode ser expresso'" (RHEES, Rush. Ethical reward and punishment. *In:* GAITA, Raimond (ed.). **Value and Undestanding**. London: Routledge, 1990. p. 179-193, p. 186).

[227] GLOCK, 1998, p. 143.

[228] REDPATH, 1972, p. 119. Ele afirma isso em relação à *CE*, porém, complementa em nota que o mesmo vale para o *TLP* (REDPATH, Theodor. Wittgenstein and Ethics. *In:* AMBROSE, Alice; LAZEROWITZ, Morris (ed.). **Ludwig Wittgenstein:** philosophy and language. London: Routledge, 1972. p. 119).

[229] *Ibid.*, p. 118.

forma a questão até tal ponto a partir da sua concepção monofuncional de linguagem.

Uma última citação de Jeremy Walker sobre esse ponto é importante para reconduzir a questão para a direção da distinção entre dizer e mostrar. Segundo ele,

> Wittgenstein nunca explicou *onde* aquilo que as proposições éticas erroneamente tentam dizer se *mostra* propriamente. E, é claro, ele não podia: uma vez que nas suas próprias visões não poderia haver *nada* a ser mostrado em lugar nenhum – nem mesmo nos sentimentos e comportamento de alguém[230].

Ou seja, no caso da lógica temos uma resposta clara de quando o que não pode ser dito é mostrado, a saber, nas proposições com sentido e nas tautologias e contradições. No caso da ética, porém, isso não fica muito claro. Assim, parece que o paralelo entre ética e lógica não funciona muito bem para o lado da ética. O resultado disso, para a leitura convencional, é uma incompatibilidade entre a sua concepção de ética e a sua concepção de linguagem. Ao restringir os limites da expressão de sentido, a distinção apresenta apenas uma implicação negativa para a ética. Com isso, ela é definida como inefável, o que significaria que a ética está sujeita a um silêncio absoluto[231] e não apenas a um silêncio teorético, como apresentei no Capítulo 1.

Para Hans-Johann Glock, isso se deve também a uma questão cronológica na composição da obra[232]:

> A estrutura e composição do *Tractatus* sugerem [...] que as passagens místicas devem sua existência às experiências de Wittgenstein durante a guerra, tendo sido então transplantadas para o solo da lógica (a conexão aqui é fornecida pela distinção dizer/mostrar)[233].

Wittgenstein teria tentado mobilizar a distinção entre dizer e mostrar para resolver a incompatibilidade em questão. Isto é, essa distinção deveria

---

[230] WALKER, 1968, p. 228, grifos no original.

[231] Para Rush Rhees, por exemplo, isso explicaria o fato de Wittgenstein não ter elaborado mais sobre o assunto no *TLP* (*Cf.* RHEES, Rush. Some developments in Wittgenstein's ethics. **The Philosophical Review**, v. 74, n. 1, p. 17-26, 1965, p. 19).

[232] Peter Hacker ecoa esse mesmo ponto ao afirmar que não é claro como as partes finais do *TLP* se originem a partir de tudo o que é exposto antes delas na obra (*Cf.* HACKER, Peter. M. S. **Insight and Illusion**: Themes in the Philosophy of Wittgenstein (Revised Edition). Oxford: Clarendon Press, 1986, p. 101).

[233] GLOCK, 1998, p. 143.

exercer o papel de elo entre a concepção de linguagem e a concepção de ética no conjunto da obra. Porém, isso se deu em um momento em que supostamente os temas da "primeira parte do livro" estavam já estruturados de maneira mais ou menos coesa[234]. A sua concepção verofuncional de tautologia, por exemplo – cerne da sua concepção de lógica, tal como vimos –, já estava consolidada desde 1913, tal como ele revela em carta a Russell do mesmo ano[235]. Com efeito, nessa estrutura supostamente já formulada a distinção entre dizer e mostrar representava um papel cardinal[236]. Porém, ao incorporar sua visão sobre a ética nela, Wittgenstein não teria refletido sobre a sua compatibilidade com ela. A consequência disso seria o surgimento de uma tensão fundamental no *TLP* entre as concepções de linguagem e ética. Segundo Jeremy Walker, em relação à ética Wittgenstein "[...] sentia a 'tensão opressiva' à qual ele se refere nos seus *Diários* [...] porém na época da escrita do *Tractatus* nenhuma outra alternativa parecia estar em aberto com exceção da seguinte: asserções éticas parecem *ter algum sentido*, mas não podem tê-lo"[237].

Um autor brasileiro que parece defender uma posição semelhante é Paulo Margutti Pinto. Em seu livro *Iniciação ao Silêncio: uma análise do Tractatus de Wittgenstein* (1998) ele afirma corretamente que uma interpretação adequada do *TLP* deve "articular lógica e ética de maneira harmônica"[238]. Tendo isso em mente, ele afirma, por exemplo, que "[...] a lógica, entendida como a componente objetiva das condições transcendentais de possibilidade da realidade [...], se funde com a ética, entendida como a contraparte subjetiva dessas condições transcendentais[...]"[239]. Com efeito, não descreveria a relação entre ética e lógica em termos de uma oposição entre objetivo e subjetivo, afinal ambas são condições que todos os seres humanos enquanto falantes de uma linguagem e seres valorativos compartilham. A despeito disso, com relação à leitura convencional, Margutti explora de maneira mais satisfatória o paralelo traçado por Wittgenstein entre esses dois domínios.

---

[234] Esse é um ponto confuso na posição desta leitura sobre a subordinação da concepção de ética de Wittgenstein à sua concepção de linguagem. Afinal, se isso é assim, como ela pode ter lhe ocorrido depois e sido assimilada a uma estrutura já montada? Em sentido contrário, isso parece testemunhar uma independência conceitual da sua concepção de ética.

[235] WITTGENSTEIN, 2008, p. 57; 59.

[236] *Ibid.*, p. 98.

[237] WALKER, 1968, p. 228, ênfases no original.

[238] PINTO, 1998, p. 31.

[239] *Ibid.*, p. 244.

Ainda assim, ele se aproxima dessa leitura ao não entrever uma forma de acomodar expressões éticas não proposicionais no *TLP*. Ele afirma, por exemplo, que "[...] as 'proposições éticas' [...] não passam de contra-sensos [sic], pois não possuem conteúdo descritivo"[240]. E isso o compromete com a tese de que a ética, segundo o *TLP*, deve ser legada ao silêncio absoluto, tal como afirmam os autores da leitura convencional. Ora, mas as "proposições da lógica", segundo Wittgenstein, tampouco têm conteúdo descritivo, porém, não são caracterizadas como contrassensos. O aprofundamento no motivo por trás disso e a aplicação desse raciocínio para as expressões éticas é o que diferencia a leitura que adoto neste trabalho da de Margutti.

De todo modo, parece então que, tanto para Margutti Pinto quanto para a leitura convencional, o problema da concepção de ética de Wittgenstein no *TLP* se deve à sua concepção de linguagem. Isto é, o fato de a ética ser considerada a partir do ponto de vista do valor absoluto seria parte e, portanto, também problema da ideia de uma linguagem exclusivamente projetiva. Sendo assim, ele poderia ser resolvido a partir das mudanças que ocorreram posteriormente em relação a esta última. A seguinte afirmação de Jeremy Walker é proeminente na colocação desse ponto[241], para ele:

> [...] quando ele passara a rejeitar as doutrinas anteriores do significado, as proposições éticas puderam ser readmitidas no domínio das proposições com sentido. Pois, essas doutrinas foram a fonte principal [...] da sua caracterização acerca do que significava para uma proposição ter sentido[242].

Portanto, as mudanças que ocorrem no pensamento filosófico de Wittgenstein a partir do *TLP* seriam uma condição necessária para

---

[240] *Ibid.*, p. 239.

[241] Novamente, os autores da leitura convencional são uníssonos em concordar nesse ponto. *Cf.* outras citações deles nesse mesmo sentido: "Ele [Wittgenstein] criticara observações desse tipo [sobre a ética dizer respeito a valores absolutos] mais tarde" (RHEES, Rush. Some developments in Wittgensteins ethics. **The Philosophical Review**, v. 74, n. 1, p. 17-26, 1965, p. 21); ainda Segundo Rhees em um texto de anos mais tarde: "Quando ele vira a confusão nisso [na ideia de uma forma lógica estrita que norteava sua concepção de linguagem], foi possível olhar os modos em que as pessoas falam de 'bom' ou 'mau' no curso de suas vidas[...]" (RHEES, Rush. Ethical reward and punishment. *In*: GAITA, Raimond (ed.). **Value and Undestanding**. London: Routledge, 1990. p. 187). Por fim, Glock: "[...] sua insistência na natureza inefável da ética é explicitamente estipulativa [...] Por detrás dessa estipulação, encontra-se a convicção de que a linguagem só pode expressar fatos [...] [novo parágrafo] Essa crença [na natureza inefável da ética] que faz parte da teoria pictórica, é mais tarde abandonada" (GLOCK, Hans-Johann. **Dicionário Wittgenstein**. Rio de Janeiro: Jorge Zahar Editor, 1998, p. 144).

[242] WALKER, 1968, p. 224.

podermos começar a falar em uma nova e mais positiva abordagem com relação à ética, em contraste com a sua conclusão lacônica e negativa de que a ética deveria ser inefável.

Como visto, essas mudanças ocorrem a partir de problemas deixados sem solução no *TLP*, como é o caso da questão das contradições internas de domínios conceituais particulares que, não obstante, não podem ser reduzidas a contradições no sentido lógico. Essas questões desencadeiam questionamentos de ordem geral com relação à própria orientação metodológica do pensamento de Wittgenstein. Por exemplo, o questionamento do seu compromisso com a concepção de definição real, que, por sua vez, fora determinante para a postulação de uma essência comum da linguagem e da proposição do período do *TLP*. Isso porque ele inferira que "[...] 'Se *uma* proposição é uma imagem então qualquer proposição tem de ser uma imagem, porque todas elas têm de ter a mesma natureza"[243] [244].

Segundo a leitura convencional, essa mudança seria identificável já a partir da *CE*. Como dito anteriormente, esse texto assume um papel de destaque nessa discussão. Em primeiro lugar, porque ele é um dos poucos textos em que o filósofo se debruça sobre a questão da ética de maneira mais direta. Em segundo, porque ele se situa precisamente no período de transição entre o seu primeiro e segundo momento filosófico. Isso significa que, ao mesmo tempo que esse texto pode apresentar ligações com a sua concepção tractariana de linguagem, ele deve também apresentar já indícios de ruptura com relação a ela. Segundo Rush Rhees, por exemplo:

> Ele as mudara [suas visões sobre a linguagem e sobre sentido] na época da *Conferência sobre Ética*. Ele não mais pensa que se poderia dar uma caracterização geral das proposições em termos de funções de verdade. Cada proposição pertence a algum sistema de proposições e há inúmeros

---

[243] Tendo essa citação em mente, parece que Wittgenstein reconhece uma contradição interna na sua orientação metodológica. Isso porque essa inferência indutiva partindo do particular para o geral era justamente o tipo de procedimento que ele afirmava não seguir. Isso é afirmando nos *NB* 19.6.15, em que, segundo ele, "podemos falar de funções desta e daquela espécie sem ter em vista uma aplicação determinada. Pois não nos ocorre nenhum exemplo, quando utilizamos Fx e todos os sinais formais variáveis [...] falamos, por assim dizer, apenas das imagens originárias, abstraindo totalmente de quaisquer casos particulares" (WITTGENSTEIN, L. **Cadernos 1914-1916**. Tradução de João Tiago Proença. Lisboa: Edições 70, 2004, p. 97-8). Portanto, o que ele acreditava ser um procedimento dedutivo a partir dos aspectos mais gerais da proposição era, na verdade, a reificação das propriedades de um caso particular de expressão (o proposicional). Isso mais tarde é considerado como um dogmatismo, no qual frequentemente caímos quando fazemos filosofia (*IF* 107, 131).

[244] WITTGENSTEIN, 1989, p. 105, Z §444.

> sistemas desses. As regras formais e relações internas de um sistema não são as de outro[245].

Evidentemente, o autor tem aqui em mente a ideia de sistemas de proposição e domínios empíricos particulares que caracterizara o seu "período intermediário". Tal solução, como visto, foi elaborada com o objetivo de contornar o problema das cores, porém, logo em seguida abandonada. Apesar disso, segundo essa leitura, mais especificamente a partir de Rush Rhees, esse entendimento do sistema de proposições poderia ser aplicado para a ética. Afinal, para essa leitura, a concepção de ética é subordinada à concepção de linguagem. Sendo assim, deveria ser possível identificar a mesma configuração de mudanças conceituais na sua concepção de linguagem também na sua concepção de ética. Isto é, uma ligação com a sua concepção de ética do *TLP* e, concomitantemente, indícios de ruptura com relação a ela.

Isso, por sua vez, seria mostrado a partir da distinção entre juízos de valor relativo e juízos de valor absoluto. Apesar de Wittgenstein reconhecer o caráter absoluto da ética desde o *TLP*, de acordo com Rush Rhees, ele com certeza não teria traçado tal distinção, tivesse ele permanecido no panorama conceitual de ética do *TLP*[246]. Pois a ética era nesse período considerada inefável. Isso significa, para os autores da leitura convencional, que as suas expressões não seriam de nenhum "tipo", mas apenas contrassensos. Ou seja, com a formulação dessa distinção, Wittgenstein já mostra uma abordagem mais positiva com relação à ética e a seus tipos de expressão. Embora, Rhees observa, Wittgenstein ainda pensasse sobre a linguagem como uma questão de descrição.

De todo modo, esse movimento, por sua vez, seria o prelúdio de uma forma inteiramente nova de caracterizar a ética apresentada nas *IF*, com a mobilização definitiva dos conceitos de jogos de linguagem, semelhanças de família e formas de vida. Como será discutido mais detalhadamente no próximo capítulo, a concepção de jogos de linguagem é introduzida a partir do abandono da analogia do cálculo – de natureza composicionalista – como modelo para pensar o funcionamento da linguagem. Tal pano de fundo conceitual, segundo a leitura convencional, implicava na caracterização das proposições éticas como contrassensos. Sendo assim, ao abandoná-lo, Wittgenstein deixou de atribuir esse estatuto a esse tipo de

---

[245] RHEES, 1965, p. 19.
[246] RHEES, 1990, p. 186.

proposição: "Ele [Wittgenstein] não afirma mais que proposições morais [...] são inexprimíveis [...]"[247]. Isso porque, com a concepção de jogos de linguagem, Wittgenstein introduz a ideia de que há múltiplas gramáticas – ou múltiplos tipos de proposição – e aplica-a à ética. Sendo assim, as proposições éticas poderiam agora efetivamente ter um sentido justificado dentro de um sistema ético particular. O tratamento da ética a partir da ideia análoga à de *Satzsystem* fica claro na seguinte citação de Glock[248]:

> Juízos éticos não prestam contas à realidade e tampouco se contradizem entre si, à maneira das proposições empíricas. Expressam as razões pelas quais agimos, e só podem ser justificados dentro de um sistema ético, como por exemplo, a ética cristã. Assim como a gramática, tais sistemas são autônomos. Cada um deles determina seus próprios padrões de justificação[...] suas ações são mutuamente incomensuráveis[...] ao fazermos juízos [éticos] estamos 'adotando'; um certo quadro geral de referência para ação e justificação, que não pode em si mesmo ser justificado[249].

Ademais, a inserção desses juízos em sistemas éticos ou jogos de linguagem éticos é tratada a partir de uma perspectiva contextualista. Segundo ela, não bastaria mais caracterizar a ética como absoluta para compreender a natureza dos juízos éticos, agora, como afirma Jeremy Walker: "Na investigação filosófica sobre ética nós não estamos tão interessados em palavras tais como 'bom' e 'mau', quanto nas situações enormemente complexas em que elas são usadas e nas quais as palavras em si representam um papel bastante pequeno"[250]. Essa citação também aponta outro possível elemento de mudança na concepção de ética de Wittgenstein a partir da concepção de semelhanças de família. Nela, Walker sugere que Wittgenstein coloca ênfase nos tipos de expressões que os juízos éticos são, isto é, juízos da "forma" de valorações absolutas e com vocabulário valorativo necessariamente envolvido. E isso, para ele, seria a implicação do comprometimento essencialista da parte de Wittgenstein. Em oposição a isso, Wittgenstein considera agora que os conceitos éticos

---

[247] WALKER, 1968, p. 228.
[248] Nesse mesmo sentido, Rhees afirma "Não há um único sistema no qual você possa estudar o que a ética é de maneira pura e mais essencial. Nós usamos o termo 'ética' para uma variedade de sistemas[...] Obviamente, diferentes sistemas éticos têm pontos em comum" (RHEES, Rush. Some developments in Wittgensteins ethics. **The Philosophical Review**, v. 74, n. 1, p. 17-26, 1965, p. 24, tradução nossa).
[249] GLOCK, 1998, p. 145.
[250] WALKER, 1968, p. 224-5.

mobilizados nesses juízos são conceitos de semelhanças de família; tal como ele afirma em *IF* 77:

> [...] nesta situação [de confusão conceitual] encontra-se, por exemplo, aquele que busca na estética ou na ética definições que correspondam a nossos conceitos. [novo parágrafo] Nesta dificuldade, pergunte sempre: como *aprendemos* o conceito desta palavra ("bom", por exemplo)? [...] Você verá então, mais facilmente, que a palavra deve ter uma família de significações.

Essa citação, para a leitura convencional, atesta que Wittgenstein passa a considerar que esses conceitos possuem uma unidade conceitual complexa, marcada por significados aparentados, ao invés de limites precisos. Rush Rhees, por exemplo, deixa bastante claro que somente a partir disso foi possível dar mais atenção à *gramática* que os conceitos éticos efetivamente apresentam no seu uso cotidiano. Segundo ele:

> Quando ele vira a confusão [...] [na sua concepção de linguagem], foi possível olhar para os modos nos quais as pessoas falam de 'bom' e 'mau' no curso de suas vidas; e também nos modos em que nós falamos de 'problemas morais' [...] sem essas palavras especiais aparecerem[251].

Portanto, não seria mais possível referir-se a uma essência da ética meramente a partir da forma das suas expressões ou caracterizando-as como de expressões de valoração absoluta, como supostamente queria Wittgenstein na *CE* e no *TLP*. Reconhecer o elemento ético nesses conceitos envolveria uma investigação contextual e semântica acerca da sua rede de significados aparentados.

Por fim, a concepção de formas de vida forneceria o pano de fundo em que esses múltiplos significados são encontrados. Com relação a essa concepção, os autores da leitura convencional adotam claramente a leitura a que me refiro como etnológica ou antropológica, a qual identifica o significado da concepção com o termo "cultura". Esses autores concordam que alguma ideia de cultura é determinante para compreender o aspecto contextual e os múltiplos significados em que os conceitos éticos são utilizados. Isto é, os valores éticos que adotamos, nessa perspectiva, são determinados pela cultura em que estamos inseridos. Por esse motivo, novamente, um juízo ético faria sentido apenas dentro do referido

---

[251] RHEES, 1990, p. 187-8.

sistema de regras morais. Segundo Jeremy Walker, por exemplo: "[...] para descrever o uso de palavras como 'bom' você tem que descrever toda a cultura [...] tomando 'cultura' em sentido antropológico amplo"[252] [253].

Essa ênfase na ideia de cultura traz consigo implicações empíricas para as discussões metaéticas em torno da natureza da investigação ética. Doravante, o método de investigação ética de Wittgenstein privilegiaria alternativas investigativas tais como imaginar diferentes tipos de convenções conceituais, comparar o que duas convenções linguísticas poderiam ter em comum ou simplesmente descrever essas redes de significados e atitudes éticas[254]. Rush Rhees relata uma conversa com Wittgenstein em que ele caracteriza esse método como "antropológico"[255].

Em suma, a partir desses argumentos a leitura convencional defende que a concepção de ética de Wittgenstein passa por mudanças significativas ao longo do seu desenvolvimento filosófico. Essa posição contrasta significativamente com a que adoto desde o primeiro capítulo. No próximo capítulo, formularei a nossa crítica à posição da leitura quando discutir as concepções em que ela se baseia para afirmar o seu ponto.

CONCLUSÃO DO CAPÍTULO II

Além de esclarecer a posição da leitura convencional, tentei mostrar neste capítulo como a questão das cores é crucial para o desencadeamento dos ajustes que Wittgenstein promove na sua filosofia pós-*TLP*. Tais ajustes apontam para a reorientação metodológica de Wittgenstein que se consuma nas *IF*. No próximo capítulo, formularei a nossa crítica à posição da leitura quando discutir as concepções em que ela se baseia

---

[252] As seguintes citações de Hans-Johann Glock e Rush Rhees apontam para a mesma direção. Segundo o primeiro: "[...]é preciso que deixemos de nos concentrar na aparência dos termos éticos, que se assemelha à de outras palavras, e que passemos a dar mais atenção no seu papel específico dentro da cultura como um todo [...]. O ético se *mostra* não mais em atitudes místicas de um eu solipsista, mas antes em padrões sociais de ação" (GLOCK, Hans-Johann. **Dicionário Wittgenstein**. Rio de Janeiro: Jorge Zahar Editor, 1998. p. 144). "Para entender qualquer juízo de valor nós temos que saber algo da cultura, talvez da religião, dentro da qual ele é formulado" (RHEES, Rush. Some developments in Wittgensteins ethics. **The Philosophical Review**, v. 74, n. 1, p. 17-26, 1965, p. 21).

[253] WALKER, 1968, p. 225.

[254] *Cf.*, *e.g.*, "[...] é possível para o filósofo dar descrições das atitudes de natureza estética, ética e religiosa para com a vida" (WALKER, Jeremy. Wittgenstein's earlier ethics. **North American Philosophical Publications**, v. 5, n. 4, p. 219-232, 1968, p. 226). Tal aspecto também é enfatizado na citação de Glock na nota anterior. Mais adiante, também, veremos que esse é um dos argumentos mobilizados pela leitura antropológica sobre a concepção de forma(s) de vida.

[255] RHEES, 1965, p. 25.

para afirmar o seu ponto. Não obstante, a própria *CE* já indica o sentido de continuidade da concepção de ética de Wittgenstein. E isso não é sem motivo, mas se deve ao início do processo de recontextualização da concepção de ética de Wittgenstein.

CAPÍTULO III

CRÍTICA À LEITURA CONVENCIONAL: A CONTINUIDADE DA CONCEPÇÃO DE ÉTICA DE WITTGENSTEIN

3.1 A concepção de jogos de linguagem

3.1.1 Surgimento da analogia do jogo

A concepção de linguagem do *TLP* é, em parte, produto da adoção da analogia do cálculo, adotada como modelo de análise do funcionamento da linguagem. Na sua descrição da forma geral da proposição, os tipos de proposições elementares que há são irrelevantes, pois Wittgenstein acreditava que esses elementos não poderiam intervir na estrutura lógica dura das proposições, mas sim que se lhe deveriam conformar. Como vimos, essa posição se torna insustentável depois do reconhecimento do problema das cores.

Após isso, com efeito, a ideia de análise completa ainda não é abandonada de prontidão[256]. Ela permanece até 1931; nesse período, porém, ela é contextualizada na ideia de sistemas de proposições[257]. Agora exige-se que a análise lógica e as ferramentas notacionais exibam a complexidade lógica – as possibilidades de combinação previstas dos elementos representados – do domínio conceitual em análise em que complexos elementares se excluem e se implicam entre si[258]. Portanto, aqui não é

---

[256] BAKER; HACKER, 2005a, p. 46.

[257] SILVA, 2013, p. 174.

[258] Isso fica claro a partir da seguinte citação de Wittgenstein: "Uma vez eu escrevi: 'A proposição é como um padrão (de medida) posto junto à realidade. Apenas as partes mais externas tocam-na no objeto a ser medido. Eu preferiria agora dizer: Um *sistema de proposições* é um padrão posto junto à realidade[...] assim eu ponho em contato todas as partes ao mesmo tempo" (Original: "Ich habe einmal geschrieben: 'Der Satz ist wie ein Maßtab an die Wirklichkeit angelegt. Nur die äußersten Teilpunkte berühen den zu messenden Gegenstand'. Ich möchte jetzt lieber sagen: Ein *Satzsystem* ist wie ein Maßtab an die Wirklichkeit angelegt. [...] so lege ich alle Teilstriche zu gleicher zeit an" (WAISMANN, Friedrich; MCGUINESS, Brian. **Wittgenstein und der Wiener Kreis**. Frankfurt am Main: Suhrkamp, 1996, p. 63-4).

apenas necessário distinguir entre proposições convencionais e expressões de necessidade tão somente. É preciso também compreender as regras semânticas específicas de cada domínio conceitual em particular. O reconhecimento dessa multiplicidade já representa um importante movimento em direção à concepção de jogos de linguagem[259]. Porém, é só no final do seu período intermediário que a analogia do jogo surge como uma alternativa ao modelo do cálculo, cujos resquícios a ideia dos sistemas de proposições ainda apresentava.

Com efeito, a ideia de múltiplas gramáticas – ou múltiplos tipos de proposição – não parece ser uma novidade trazida pela concepção de jogos de linguagem. O que parece ser mais importante nela é o fato de ela problematizar a primazia das regras na determinação do sentido e permitir relacioná-lo com elementos contextuais extralinguísticos[260]. De fato, na ideia do sistema de proposições as regras ainda apresentam certa rigidez, embora não mais absoluta[261]. Além disso, a ideia do sistema de proposições ainda se baseia fortemente em uma concepção de proposição como unidade conceitual rígida e, portanto, ainda se situa no horizonte da concepção de definição real herdada de Frege e Russell, ponto que será discutido na próxima seção[262].

Quando a concepção de jogos de linguagem é introduzida, sua função é sanar as dificuldades metodológicas que essas duas ideias remanescentes do período tractariano fazem perdurar. A questão agora é encontrar uma nova maneira de entender o funcionamento da linguagem que não seja simplesmente um procedimento computacional[263]. Assim, a concepção de jogos de linguagem surge como alternativa metodológica ao procedimento tractariano de comparar concepções rígidas com usos na linguagem cotidiana[264].

A concepção de jogos de linguagem tem três funções principais[265]. Em primeiro lugar, ela não é uma concepção explicativa. Seu objetivo não é formular afirmações empíricas que expliquem – de maneira unitária ou não – como a conexão entre significado, palavra e uso é realizada na

---

[259] DALL'AGNOL, 2006, p. 71.
[260] HINTIKKA; HINTIKKA, 1993, p. 248.
[261] BAKER; HACKER, 2005, p. 55.
[262] Ibid., p. 50.
[263] HINTIKKA; HINTIKKA, 1993, p. 251.
[264] BAKER; HACKER, 2005, p. 56.
[265] Ibid., p. 59-60; DALL'AGNOL, 2006, p. 70.

linguagem²⁶⁶. A questão é antes fornecer um objeto de comparação para chamar atenção para certos recursos linguísticos em um contexto mais simples, fora do emaranhado de outras práticas que em geral se inter-relacionam na nossa interação linguística cotidiana. Tal como ele afirma: "Os jogos de linguagem figuram muito mais como objetos de comparação, que, através de semelhanças e dessemelhanças, devem lançar luz sobre as relações da nossa linguagem" (IF 130).

Em segundo lugar, diferentemente da completude restritiva da analogia do cálculo, a concepção de jogos de linguagem apresenta o conjunto de fenômenos a que chamamos linguagem como sendo incompleto, por causa da compreensão de que a linguagem é fluida: "Nossa linguagem pode ser considerada como uma velha cidade: uma rede de ruelas e praças, casas novas e velhas [...] isto tudo cercado por uma quantidade de novos subúrbios [...]". Ou seja, à medida que a linguagem incorpora novas palavras e conceitos seus limites se alteram, mas isso não significa que ela antes era deficiente de uma parte. Certamente, segundo Wittgenstein, ela não o era antes da incorporação, por exemplo, do "simbolismo químico e da notação infinitesimal"²⁶⁷. Nesse sentido, os exemplos que Wittgenstein utiliza nas *IF* ressaltam características de uma prática dinâmica e plural, pois ela está situada na vida concreta. E é somente nesse contexto vital amplo que o papel de determinadas expressões de um determinado jogo de linguagem tem sentido²⁶⁸. Apesar disso, para os propósitos que Wittgenstein os introduz nas suas análises específicas, os jogos de linguagem devem ser considerados completos em si mesmos.

Mas o aspecto incompleto da linguagem implica que a mobilização de exemplos cotidianos não pode ter como objetivo a mera catalogação dos modos que a linguagem é usada. O motivo disso está ligado à terceira e talvez a mais importante função dessa concepção. Em terceiro lugar, além desses propósitos positivos de descrição, a ferramenta metodológica dos jogos de linguagem também tem um papel negativo que é dissolver más concepções filosóficas, formadas quando não atentamos para certos traços e particularidades de nossas práticas. Wittgenstein deixa isso claro na citação de *IF* 5. Nesse parágrafo, ele afirma que a função da descrição via concepção de jogos de linguagem é dissipar a névoa da confusão

---

[266] *IF* 109.
[267] *IF* 18.
[268] *IF* 98.

conceitual: "Dissipa-se a névoa quando estudamos os fenômenos da linguagem em espécies primitivas do seu emprego, nos quais pode-se abranger claramente a finalidade e o funcionamento das palavras"[269].

Esse ponto, em particular, esclarece uma crítica que, segundo Peter Hacker, pode ser levantada. Poder-se-ia talvez objetar que não há diferença objetiva na introdução da concepção de jogos de linguagem como alternativa metodológica. Isso porque tanto ela como a concepção de linguagem como cálculo são, em última análise, analogias[270]. De fato, é afirmado que já é possível perceber na própria reconstrução do problema da exclusão das cores que o próprio abandono da analogia do cálculo, em um certo sentido, não representa uma ruptura tão significativa assim no desenvolvimento filosófico de Wittgenstein[271]. Portanto, não haveria uma diferença *per se* no recurso a analogias.

A resposta para essa objeção é dada pela função negativa do método mencionada no terceiro ponto supra. Aqui, a diferença relevante é que nas *IF* a analogia é tratada como analogia e "[...] não como pré-juizo, ao qual a realidade *deva* corresponder"[272]. Com efeito, suas vantagens são derivadas sobretudo da relação interpretativa que Wittgenstein agora mantém com as características do modelo. Sua posição se torna clara no seguinte parágrafo das *IF* 130: "Os jogos de linguagem figuram muito mais como *objetos de comparação*, que, através de semelhanças e dessemelhanças, devem lançar luz sobre as relações de nossa linguagem". Isso significa que Wittgenstein não mobiliza a concepção de jogos de linguagem meramente como uma forma de explicar como a linguagem efetivamente funciona. Mas para ressaltar determinados aspectos que podem ser esclarecedores em algumas situações, por exemplo, nas de confusão filosófica.

O que isso significa especificamente é que tal analogia é mobilizada, porque ela pode trazer certas vantagens esclarecedoras. Por exemplo, para a compreensão da relação entre regras e usos da linguagem. Segundo Severin Schroeder, inclusive, a atitude de Wittgenstein para com a determinação

---

[269] *IF* 5.
[270] BAKER; HACKER, 2005, p. 51.
[271] Em vários momentos, Marcos Silva, por exemplo, argumenta que as mudanças ocorridas no período intermediário de Wittgenstein para que sua concepção de lógica seja agora sensível a sistemas de proposições específicos é, na verdade, um movimento para adaptá-la a um holismo já existente e em grande medida pressuposto no *TLP* (*Cf.*, por exemplo, SILVA, Marcos. Wittgenstein, cores e sistemas: aspectos lógico-notacionais do colapso do tractatus. **Analytica. Revista de Filosofia**, v. 15, n. 2, p. 229-264, 2011; SILVA, Marcos. Sobre a fragmentação do espaço lógico tractariano. **Argumentos** - Revista de Filosofia, v. 12, n. 24, p. 53-69, 2020).
[272] *IF* 131.

do significado por regras é um dos pontos principais de mudança na sua filosofia[273]. De fato, as regras dos vários jogos existentes são constitutivas dos lances que acontecem dentro deles. Porém, a sua primazia sobre o uso – isto é, sobre o caso particular – na hierarquia do funcionamento da linguagem é abandonada. Isso significa que as regras são autônomas (orgânicas), isto é, não há uma instância externa validadora das regras. Portanto, as regras não são redutíveis a um conjunto de regras em comum, elas não são absolutas como deveriam ser as da sintaxe lógica. Em última análise, isso significa que as regras são agora contingentes, no sentido de que elas poderiam em princípio ser diferentes e poderiam dar origem a jogos de linguagem diferentes e também a movimentos diferentes dentro desses jogos. Apesar disso, elas ainda mantêm, com força reduzida, sua função original limitadora dos lances possíveis em um jogo. Segundo Merrill Hintikka e Jaakko Hintikka, por exemplo, "a 'gramática' desses jogos de linguagem pode ser parcialmente convencional; o que não é convencional é o que ocorre se ela é aceita e posta em ação"[274].

Em suma, é na questão da autonomia, do caráter contingente das regras dessa analogia e do envolvimento com elementos contextuais extralinguísticos que a concepção de jogos de linguagem traz uma diferença significativa de conteúdo. No que toca à questão de múltiplas regras gramaticais há um importante traço de continuidade no pensamento filosófico de Wittgenstein. A leitura convencional, porém, enfatiza os traços de mudança que essa analogia apresenta, sugerindo, por exemplo, que a mudança no pensamento de Wittgenstein é caracterizada pelo abandono dessa concepção de linguagem e aceitação de uma nova; e não como uma reorientação metodológica. A sua atribuição de uma função restritiva à distinção entre dizer e mostrar no *TLP* é um exemplo disso. Sob essa ótica, esse desenvolvimento parece de fato como uma ruptura. Contudo, segundo julgo, essa leitura é problemática nesse ponto.

3.1.2 A ética no contexto da reorientação metodológica de Wittgenstein a partir da concepção de jogos de linguagem

Como vimos, para os autores da leitura convencional, a concepção de ética de Wittgenstein sofre mudanças a partir do – dentre outras coisas –

---

[273] SCHROEDER, S. Grammar and Grammatical Statements. *In:* GLOCK, H.-J.; HYMAN, J. (org.). **A companion to Wittgenstein**. Hoboken: Wiley Blackwell, 2017. p. 252.
[274] HINTIKKA; HINTIKKA, 1993, p. 310.

abandono da analogia do cálculo e da teoria pictórica. O que justifica essa ilação, para eles, é o fato – tomado como dado – de que a sua concepção de ética é conceitualmente subordinada a esses dois comprometimentos filosóficos.

Para os autores dessa leitura, o problema da concepção de ética de Wittgenstein se resume ao fato de ela ser incompatível com a sua concepção tractariana de linguagem baseada na analogia do cálculo. O resultado disso é que a ética representa um papel puramente negativo nesse momento filosófico de Wittgenstein. Argumentarei contra essa caracterização em dois pontos: que (1) uma das funções da distinção entre dizer e mostrar é justamente garantir a separação entre expressões de necessidade – por exemplo, as expressões éticas – e proposições convencionais da linguagem e o empírico. Ademais, (2) a leitura convencional se apoia no abandono da teoria pictórica. Essa afirmação, porém, é problemática se reconhecermos que, pelas pretensões metodológicas de Wittgenstein, não se pode colocar positivamente uma rejeição da função pictórica da linguagem. Sobre o primeiro ponto, parte do nosso argumento já fora elaborado no Capítulo 1 a partir da compreensão adotada lá sobre a função da distinção entre dizer e mostrar no *TLP*. Aqui, portanto, basta retomá-lo.

A leitura convencional parece apresentar uma compreensão restritiva da distinção entre dizer e mostrar. Tal distinção, segundo os seus autores, possui apenas implicações negativas para a ética. Frente à sua concepção monofuncional de linguagem, nada restaria às expressões éticas a não ser o silêncio.

Com efeito, essa compreensão nos parece problemática. Pois Wittgenstein coloca grande peso na distinção com relação ao ponto geral da obra. Ademais, a distinção é justamente o que possibilita um tratamento positivo para expressões de necessidade. Sem ela, no contexto da analogia do cálculo, realmente seria impossível exprimir sentenças necessárias. A partir dessa distinção, juízos e expressões éticas do cotidiano são plenamente possíveis, desde que não mantenham pretensões de sentido. Como afirma Janyne Sattler, por exemplo: "[...] a tomada de atitude (correta) com relação à ética pode ser afirmada pelo sujeito, mas essa afirmação ela mesma não reivindica nenhuma justificação teórica [filosófica]"[275]. E o motivo fundamental disso é o fato de o conteúdo dessa

---

[275] SATTLER, 2014, p. 292, tradução nossa. Original: "[...] la prise d'attitude (correcte) vis-à-vis de l'éthique peut être affirmée par le sujet, mais que cette affirmation elle-même ne revendique aucune justification théorique".

posição ética não poder ser descrito em termos proposicionais. Ao fazer isso, Wittgenstein estabelece uma distinção entre tipos de sentenças: as proposições convencionais e as expressões necessárias.

Isso significa que Wittgenstein já desde o *TLP* possuía alguma ideia de "diferenças gramaticais", pois ele rejeita a redução do discurso valorativo ético ao discurso descritivo. É possível perceber isso analisando o grupo 6 de aforismos do *TLP*. Em cada um de seus subgrupos (6.1s, 6.2s etc.), Wittgenstein discute o estatuto de um tipo de proposição que não se ajusta imediatamente ao discurso proposicional[276]. O 6.1s trata das proposições da lógica, 6.2s das da matemática, 6.3s das leis das ciências naturais e, finalmente, o 6.4s das da ética. Ou seja, Wittgenstein está lidando com tipos de expressões que não se adequam diretamente à exigência da analogia do cálculo. As expressões éticas são um caso destas. Desde então, portanto, Wittgenstein reconhece a necessidade de tratamentos diferenciados para tais tipos de expressão. Se isso é assim, parece equivocado pensar que é apenas posteriormente que Wittgenstein passa a admitir a possibilidade de um tratamento mais positivo para expressões que não são proposições, por exemplo, as expressões éticas.

Em segundo lugar, é necessário comentar o suposto abandono da teoria pictórica por parte de Wittgenstein. Com efeito, aceito, juntamente à leitura convencional, que a concepção de jogos de linguagem introduz mudanças significativas na filosofia de Wittgenstein. Entretanto, o foco majoritário no fato de que agora Wittgenstein reconhece abertamente que a linguagem pode ser usada de diversas maneiras gerou uma interpretação estabelecida do desenvolvimento filosófico de Wittgenstein a partir do suposto abandono da teoria pictórica[277]. Isso naturalmente se dá porque essa teoria no *TLP* fora forjada para fornecer uma explicação simplificadora das comparações entre linguagem e mundo. Segundo essa interpretação, Wittgenstein tê-la-ia simplesmente rejeitado, uma vez que ele estaria interessado agora na multiplicidade.

A questão central aqui, porém, é que é o propósito para o qual essa teoria fora concebida que ganha uma nova orientação metodológica. A teoria pictórica é problemática, porque se apoia numa concepção empobrecida de figuras e a toma como modelo explicativo da maneira como

---

[276] MULHALL, S. Words, waxing and waning: Ethics in/and/of the tractatus logico-philosophicus. *In:* KAHANE, G.; KANTERIAN, E.; KUUSELA, O. (org.). **Wittgenstein and His Interpreters:** Essays in Memory of Gordon Baker. Malden, MA; Oxford: Blackwell, 2007. p. 224.

[277] GLOCK, 1998, p. 354; HINTIKKA; HINTIKKA, 1993, p. 291.

a linguagem se relaciona com o mundo. Ou seja, é o fato de ela tomar a figuração como referencial normativo para todos os usos da linguagem significativa. Pois, como vimos no início, é crucial para a teoria pictórica que as proposições tenham uma capacidade interna de asserção e não dependam de elementos extras[278]. Mas, quando Wittgenstein passa a conceber a forma das expressões a partir de outros aspectos envolvidos na sua constituição, uma comparação baseada na analogia do cálculo já não é mais possível.

Isso, porém, não implica em um abandono de ideia central da teoria pictórica, isto é, de que podemos construir modelos da realidade com a linguagem de maneira composicional. Ou seja, o fato *per se* de ela conceber usos da linguagem a partir da criação de modelos de situações possíveis não é o problema. Nas passagens em que Wittgenstein parece renunciar à tese pictórica, ele está na verdade fazendo ressalvas antidogmáticas. Afinal, como dito anteriormente, essa é uma das funções da concepção de jogos de linguagem. Isso fica claro a partir dos parágrafos 23-4 das *IF*, em que Wittgenstein introduz tal concepção. Lá ele afirma que "– É interessante comparar a multiplicidade de ferramentas da linguagem e seus modos de emprego [...] com aquilo que os lógicos disseram sobre a estrutura da linguagem. (E também o autor do *Tractatus logico-philosophicus*)". Com efeito, tal comparação pode ser em si mesma interessante, mas Wittgenstein logo em seguida especifica a sua verdadeira finalidade, qual seja, evitar confusões tipicamente filosóficas: "Quem não tem perante os olhos a multiplicidade dos jogos de linguagem será talvez inclinado a colocar questões como estas: 'Que é uma pergunta?' [...]"[279].

Isso não significa que a ideia de descrição proposicional seja excluída da multiplicidade de ferramentas da linguagem. Mas o modo como ela era mobilizada no *TLP* pede agora uma ressignificação. A tese figurativa deve agora passar por uma adaptação para a nova orientação filosófica de Wittgenstein marcada pelo antidogmatismo. A lógica interna das proposições não pode mais ser reificada, mas deve ser entendida dentro do reconhecimento de múltiplas formas e da combinação de aspectos lógicos e intersubjetivos que não era considerada antes[280]. Isso nos permite afirmar que a ideia da figuração permanece de pé, embora com ressalvas. A

---

[278] TLP 4.011 *et seq.*
[279] IF 24.
[280] HINTIKKA; HINTIKKA, 1993, p. 303-5.

"teoria pictórica" deixa de ser uma teoria, ela passa a ser incorporada nos jogos de linguagem e, com isso, ganha um significado bem mais complexo.

Com efeito, Wittgenstein continua acreditando que proposições são entidades linguísticas que podem ser verdadeiras ou falsas. Porém, agora isso se assenta na nossa prática concreta de construir modelos da realidade e não em uma lógica interna rígida da linguagem. Wittgenstein coloca esse ponto diferenciando quando dizemos que uma determinada propriedade "pertence" (*gehören*) a uma proposição e quando ela se "ajusta" (*passen*) a ela:

> [...] afirmamos 'verdadeiro' e 'falso' apenas daquilo que chamamos de proposição. E o que é uma proposição é *num* sentido determinado pelas regras de construção da proposição [...], e, num outro sentido, pelo uso dos signos no jogo de linguagem. E o uso das palavras 'verdadeiro' e 'falso' pode ser também uma parte constituinte desse jogo e então *pertence* à proposição, mas não se 'ajusta' a ela"[281].

Ou seja, "ser verdadeiro" e "ser falso" são propriedades atribuídas a proposições, porque nos nossos jogos de linguagem as predicamos de tais objetos. Mas elas não se ajustam às proposições, porque não são propriedades dadas naturalmente.

Em suma, esse posicionamento metodológico apresentado por Wittgenstein não lhe ocorreu apenas porque ele começou a dar atenção à multiplicidade de ferramentas e gramáticas da linguagem. Afinal, essa multiplicidade sempre esteve aí. Mas para reconhecê-la foi necessária uma mudança de atitude metodológica. E tal mudança de atitude, por sua vez, não implica em nenhum sentido a rejeição da ideia de que uma ferramenta possível da linguagem é a função descritiva. Esse, aliás, era o mesmo ponto da teoria pictórica, porém colocado de maneira bastante diferente. De qualquer forma, isso mostra que Wittgenstein não abandona essa ideia, como afirma a leitura convencional. Não há nenhum conflito intrínseco entre a ideia pictórica e a concepção de jogos de linguagem. Se isso é assim, contudo, parece problemática a caracterização da leitura convencional. Pois, se não é exatamente o abandono da teoria pictórica que caracteriza o desenvolvimento filosófico de Wittgenstein, tampouco poderia ele desencadear uma mudança na sua concepção de ética.

---

[281] *IF* 136.

3.2 A concepção de semelhanças de família

Como vimos na seção 3 do capítulo 2, para a leitura convencional, a concepção de semelhanças de família também representa um papel central na defesa de mudanças na concepção de ética de Wittgenstein. Retomarei brevemente os argumentos dessa leitura logo mais. No presente momento, é necessário compreender o contexto em que essa discussão surge.

3.2.1 Precisão e vagueza conceitual: a concepção de definição real

Na tradição da filosofia ocidental, em particular, a discussão sobre como explicar o que uma coisa é recebeu historicamente a sua proeminência a partir dos diálogos platônicos. Em *Mênon*, por exemplo, em resposta à pergunta de Sócrates acerca da natureza da virtude, a seguinte caracterização é fornecida:

> [...] a virtude do homem consiste em ser ele capaz de administrar os negócios da cidade [...] Diferente, por sua vez, é a virtude da criança, quer seja menino ou menina, ou a do velho, quer se trate de homem livre, se o quiseres quer se trate de escravo. Ainda há muitas outras virtudes [...] Para cada ação, para cada idade e para cada ocupação, todos nós temos uma virtude particular[282].

Mênon fornece uma variedade de exemplos de virtudes, cada um com a sua peculiaridade e nada necessariamente em comum entre todas elas, além do fato de chamarmos todas de virtudes. Em réplica, Sócrates descredita tal resposta afirmando que: "Por mais variadas que sejam, deve haver uma forma única para todas, que faz com que todas sejam virtude, e para a qual deve olhar quem quiser responder com acerto à pergunta sobre o que seja a virtude."[283].

Tomando o lado de Sócrates nessa discussão, filósofos e filósofas ao longo de grande parte da história da filosofia no ocidente sustentaram que a resposta genuína para perguntas socráticas do tipo "O que é *X*?" deve ser dada na forma exigida por Sócrates. Ou seja, apontando para aquilo que todos os indivíduos de uma categoria em questão têm em comum. Em outros termos, o que Sócrates e esses filósofos e filósofas buscavam é atualmente denominado uma definição real ou definição essencialista.

---

[282] PLATÃO. **Mênon & Eutidemo**. Belém: Ed. UFPA, 2020, p. 45-7.
[283] *Ibid.*, p. 47; 72c-d.

A concepção de definição real é uma teoria filosófica acerca de definições. Podemos identificar nas citações supra duas premissas importantes dessa concepção: ela estabelece (1) como uma definição deve ser formulada: em termos precisos e (2) para que ela deve ser utilizada: para legitimação epistêmica da investigação filosófica.

Segundo Baker e Hacker[284], no que se refere a (1), essa concepção de definição sustenta que uma definição deve circunscrever em termos de condições necessárias e suficientes uma propriedade essencial F. F deve ser aplicável para todos e apenas os objetos (x) que caem sob o escopo do conceito a ser definido. Unicamente por causa dessa propriedade F, que todos e apenas eles possuem em comum, que esses objetos são ditos Fx, instâncias de F. Ademais, é apenas por causa de F que podemos dizer que esses objetos são casos de um mesmo conceito, mas não de outro, e que Fx é uma sentença inteligível. Por esses dois motivos, segue-se que definições do tipo representam referenciais normativos aos quais todos os seus exemplos devem corresponder.

Como exemplo, tomemos a sentença "o vidro é transparente". Segundo a concepção de definição real, para compreender o seu sentido, é necessário compreender o significado da palavra "transparente", isto é, compreender qual propriedade ela atribui a vidro. Para que isso seja possível, por sua vez, é necessário compreender o significado de "transparência", ou seja, o significado daquilo que torna transparente todos os objetos a que efetivamente chamamos "transparente", sejam eles vidros, plásticos, lentes, tecidos etc. O motivo disso é o fato de que essas coisas são ditas assim unicamente porque fazem referência a essa propriedade "transparência", a qual elas possuem em comum.

Filósofos contemporâneos como Gottlob Frege e Bertrand Russell também sustentaram essa concepção tradicional de definição. Segundo Russell, definições reais são justamente o tipo de resultado desejado de uma análise lógica bem-sucedida. Segundo Frege e Russell, a análise lógica representa o tipo de exercício de abstração que é exigido para se alcançar a definição de um conceito. Isso porque, uma vez que cada objeto que participa do conceito não possui a propriedade relevante de maneira pura, a formulação de uma definição consiste na abstração dessas impurezas[285]. Ao fim e ao cabo desse procedimento, os elementos constituintes dos

---

[284] BAKER; HACKER, 2005a, p.201.
[285] BAKER; HACKER, 2005a, p. 201.

conceitos estariam à mostra, possibilitando que se separasse aqueles mais fundamentais dos meramente acidentais. Segundo Russell, por exemplo:

> [...] o verdadeiro desiderato de uma definição como a de número não é que ela nos deve representar o mais próximo possível as ideias daqueles que não fizeram o processo de análise requerido para alcançar uma definição, mas que ela nos deve fornecer os objetos como tendo as propriedades requisitadas[286].

Em segundo lugar (2), por trás da exigência de que a análise revele as propriedades que as definições realmente atribuem está a tentativa de legitimar a atividade de investigação filosófica. Tal como mostra a citação de Russell, essa análise não investiga as muitas maneiras que existem de se referir a um objeto por meio do significado de nomes. Ela visa a encontrar a maneira correta de fazê-lo, a qual deve estar de acordo com a essência do objeto trazida à mostra a partir do desmonte da ideia complexa em suas ideias constituintes. Isso, por sua vez, mostraria como estaríamos usando palavras sem possuir as ideias adequadas dos seus significados, implicando que o seu uso cotidiano poderia estar ou simplesmente estaria sempre equivocado[287]. Segundo Hanoch Ben-Yami[288], isso, por sua vez, levaria à conclusão de que nós não podemos dizer conhecer um conceito, a menos que possamos defini-lo.

Tal conclusão é também sustentada pelo seguinte motivo fornecido por Frege. Segundo ele:

> É [...] impossível duvidar se um objeto cai ou não sob um conceito, uma vez que a contradição nele for reconhecida [...] A verdadeira motivação [da análise lógica] é a percepção das bordas esfumaçadas. No nosso caso também, todos os esforços são direcionados para encontrar uma borda precisa [...] [Pois] nada cai sob um conceito contraditório[289].

O motivo expresso nessa citação é o de que a certeza na aplicação de um conceito garante a sua unidade conceitual/semântica. Se nós dispomos

---

[286] RUSSELL, B. **Our Knowledge of the External World:** as a field for Scientific method in philosophy. London and New York: Routledge, 2009. p. 165.

[287] BAKER; HACKER, 2005a, p. 205-6.

[288] BEN-YAMI, H. Family Resemblances and Vagueness. *In:* GLOCK, H.-J.; HYMAN, J. (org.). **A companion to Wittgenstein**. Hoboken: Wiley-Blackwell, 2017. p. 412.

[289] FREGE, Gottlob. **Collected Papers on Mathematics, Logic, and Philosophy**. Tradução de Max Black *et al*. New York: Basil Blackwell, 1984. p. 134.

de um conceito com bordas esfumaçadas, não podemos antecipar todas as instâncias de sua aplicação. Isto é, não podemos dizer com precisão se algo é uma coisa ou não. Se tais antecipações não são possíveis, em última análise, não haveria como saber quais objetos pertencem a um conceito e não a outro. Sendo assim, a ausência de uma unidade conceitual precisa colocaria em risco a validade epistêmica do conceito, isto é, a sua capacidade de dizer o que uma coisa é. Para Gottlob Frege isso implica que nesses casos nós na verdade não possuímos qualquer conceito em primeiro lugar. Portanto, um conceito com bordas esfumaçadas – cujas condições de aplicação não estão totalmente determinadas por regras – não seria conceito nenhum e as ambiguidades nas condições de aplicação de um conceito deveriam ser eliminadas[290].

Embora Wittgenstein seja um crítico profundo da filosofia tradicional, ele ainda firmara compromisso com essa concepção de definição real no período do *TLP* junto desses dois autores. Lá, ele afirmara, por exemplo, que a sua tarefa na filosofia era a busca de uma "[...] descrição da forma proposicional mais geral, [na qual] *apenas* o que lhe é essencial pode ser descrito – caso contrário, ela não seria, é claro, a mais geral"[291]. A justificação que ele fornece para essa tarefa faz referência à exigência mencionada de que uma conceituação deva levar em consideração aquilo que todos os objetos conceituados possuem em comum, pois isso seria a garantia da unidade conceitual: "Que haja uma forma proposicional geral é demonstrado por não poder haver proposição alguma cuja forma não tivesse sido possível antever (*i.e.*, construir)"[292].

Além disso, essa justificação está alinhada com o ponto (2) mencionado supra, acerca da concepção de definição real. Isto é, que a fiabilidade da investigação filosófica parece também depender disso.

---

[290] Há também um interessante paralelo dessa visão em discussões sobre vagueza e precisão no âmbito da filosofia do direito. De forma análoga, a visão tradicional sobre a vagueza em textos normativos jurídicos não lhe atribui nenhum valor positivo. Supostamente, isso se daria porque, em essência, o propósito de textos desse tipo seria produzir parâmetros sociais de conduta. Quando tais parâmetros são formulados de maneira vaga, o texto deixa em aberto qual curso de ação devemos seguir e, portanto, falha em cumprir sua função essencial. Tal como no caso de Frege: as contradições devem ser evitadas, porque elas não nos mostram como levar adiante a aplicação de um conceito e, portanto, desvirtuam o papel dos conceitos, qual seja, dizer o que uma coisa é. Por esse motivo, seria necessário trabalhar para evitar a vagueza o máximo possível. Sobre isso *cf.* SOAMES, Scott. The Value of Vagueness. *In:* MARMOR, Andrei; SOAMES, S. (ed.). **Philosophical Foundations of Language in the Law**. Oxford: Oxford University Press, 2011.

[291] *TLP* 4.5.

[292] *TLP* 4.5.

O *TLP* assume, por exemplo, que há apenas uma análise completa da proposição, cujo resultado deve ser os nomes simples constituintes de proposições elementares[293]. Embora os significados desses nomes simples não possam, por sua vez, ser articulados em definições, pois isso pressuporia complexidade[294], há nesse momento a exigência de que a sua aplicação seja unívoca. O nome denota o objeto na proposição[295] e a configuração desses nomes na proposição determina a configuração dos objetos na situação possível descrita[296]. Sendo assim, caso houvesse dúvidas da denotação de um nome no âmbito da proposição, não seria possível imaginar o estado de coisas que ela projeta. Por fim, uma vez que esse é o seu significado[297], o fato de haver dúvidas nas condições de aplicação de um nome implicaria dúvidas também no sentido das proposições em que ele ocorre. Sendo assim, o significado dos nomes deveria ser unívoco para que a sua aplicação no contexto de uma proposição não fosse ambígua[298]. Portanto, essas pressuposições[299] são feitas para assegurar a determinação do sentido proposicional[300].

Contra essa concepção, seria possível objetar que há um limite para a precisão alcançável para alguns de nossos conceitos. Por exemplo, pode ser que alguns conceitos simplesmente não se deixem definir à maneira essencialista ou ainda que outros conceitos, ainda que precisos, não possuam um grau de precisão satisfatório. Não obstante, uma resposta a partir da visão essencialista sobre as definições insistiria que o parâmetro de precisão deve ser almejado. Afinal, o fato de ainda não termos alcançado o grau de precisão desejado para certos conceitos não implica que esse não seja um objetivo atingível[301]. Logo, seria necessário apenas despender mais esforço na tarefa de conceituação para alcançar um parâmetro ou uma definição mais precisa. Como último recurso, se

---

[293] *TLP* 3.25.
[294] *TLP* 3.26.
[295] *TLP* 3.023.
[296] *TLP* 3.21.
[297] *TLP* 2.221.
[298] BAKER; HACKER, 2005a, p. 204.
[299] Isso, ainda, era uma exigência da sua concepção de proposição como função de seus elementos constituintes e, por conseguinte, da concepção de que conceitos são funções (*TLP* 3.143). Pois, para Frege, uma função é totalmente especificada se os seus valores para todo possível valor de argumento puderem ser especificados (BAKER, Gordon P.; HACKER, Peter. M. S. **Wittgenstein**: understanding and meaning. Part I. Chichester: Wiley-Blackwell, 2005. p. 205, n. 14).
[300] *TLP* 3.23.
[301] BEN-YAMI, 2017, p. 411.

a precisão completa realmente não for possível, então que, pelo menos, tentemos nos aproximar dela o máximo possível. Em suma, de acordo com essa visão, a vagueza não possui nenhum valor positivo.

3.2.2 Precisão e vagueza conceitual: a concepção de semelhanças de família

Anos mais tarde, Wittgenstein adota uma postura crítica com relação à exigência de definições reais na investigação filosófica. Mostrei que havia no período do *TLP* dois comprometimentos principais que dependiam da aceitação da concepção de definição real. O primeiro é o entrelaçamento conceitual visando a garantir a determinação do sentido proposicional. O segundo era o pensamento de que definições reais seriam uma condição necessária para o sucesso da investigação filosófica.

Esses dois comprometimentos impossibilitavam diretamente a aceitação de que conceitos como o de proposição pudessem ter bordas esfumaçadas. De um ponto de vista mais abrangente, porém, o seu abandono está ligado a uma reflexão crítica com relação à função do filósofo ao longo desse período de desenvolvimento da filosofia de Wittgenstein. A despeito da sua já mencionada crítica à filosofia tradicional, nota-se nos seus escritos iniciais uma compreensão pomposa da tarefa da lógica na investigação filosófica. No período dos seus *Diários*, por exemplo, ele sustentara que o papel da lógica seria desvelar a cadeia oculta de condições, que subjazem e condicionam o funcionamento da linguagem. Ao fazer isso, porém, ele se percebia no meio de uma tarefa sublime, pois ele considerava que ao "[...] esclarecer a essência da proposição [...]" ele estaria também indicando "[...] a natureza de todo o ser"[302]. Isso porque, para ele, a lógica e suas proposições mostrariam "[...] [as] propriedades lógicas da linguagem e, por conseguinte do Universo[...]"[303].

A adoção de tal visão limitou o horizonte filosófico de possibilidades disponíveis a Wittgenstein porque, segundo essa concepção, o verdadeiro papel da lógica e da filosofia é apreender uma "essência abrangente"[304]. Isso, portanto, não o levou a considerar que as proposições deveriam ser figurações da realidade ou que definições deveriam ser essencialistas como

---

[302] *NB* 22.1.15.
[303] *NB* 22.1.15.
[304] *Z* 444.

fruto de uma constatação do seu funcionamento efetivo[305]. Mas sim que elas *deveriam* ser assim, afinal todas as proposições devem ser de uma mesma natureza. Essa tendência em considerar o trabalho do filósofo como determinado por certos interesses especiais (por exemplo, a precisão, generalização, a purificação e a sublimação conceituais) à revelia da efetiva conexão desses conceitos com as nossas práticas levara Wittgenstein ao dogmatismo em que se cai facilmente ao fazer filosofia[306]. Somente, portanto, ao abandonar esse essencialismo filosófico Wittgenstein pôde finalmente questionar os dois comprometimentos em questão[307].

A fim de se opor a esse essencialismo, Wittgenstein coloca um desses comprometimentos na boca do seu interlocutor, quando a discussão sobre vagueza *versus* precisão aparece em *IF* 65: "Falas de todos os jogos de linguagem possíveis e imagináveis, mas nunca chegaste a dizer qual é a essência do jogo de linguagem e assim da linguagem". Wittgenstein teria então começado a tratar da linguagem sem antes definir a propriedade que torna todas as instâncias desse conceito "linguagem". Isto é, sem antes fornecer uma definição real de "linguagem". Ele estaria, portanto, negligenciando justamente uma parte crucial da investigação filosófica!

A posição tradicional acerca da importância das definições reais leva, porém, ao antigo paradoxo da análise, tal como delineado em Mênon:

> E de que modo, Sócrates, te arranjarás para procurar o que não sabes absolutamente o que seja? Das coisas que desconheces, qual é a que te propões a procurar? E se porventura vieres representá-la, como poderás saber que é ela, se nunca a conheceste?[308].

Esse paradoxo coloca o problema de que definições não podem ser concomitantemente informativas e corretas. Em outras palavras, se não fazemos referência a definições precisas para a maioria das palavras que utilizamos, isso significa que nós não conhecemos verdadeiramente o significado dessas palavras[309]. Mas se não o conhecemos, por outro lado, como pretender definir tais palavras?

---

[305] *IF* 93-5.
[306] *IF* 131.
[307] BAKER; HACKER, 2005a, p. 211-213.
[308] PLATÃO, 2020, p. 71; 80d.
[309] *Cf.* citação a Russell algumas páginas supra.

Em *IF* 65-69, Wittgenstein explora esse paradoxo mobilizando uma série de argumentos, os quais têm a forma de *reductio*. Seu objetivo é mostrar que a fixação nas definições reais, na verdade, não possui um fundamento epistêmico ou conceitual incontornável, tal como é sugerido. Com isso, Wittgenstein ensaia uma dissolução desse paradoxo.

Um dos argumentos chama atenção para o contexto de um jogo[310]. Wittgenstein reconstrói as implicações da concepção de definição real afirmando que se a posse de uma definição real é mesmo uma condição *sine qua non* para a compreensão do que uma coisa é, por exemplo, um jogo, segue-se que todas as práticas relacionadas a ele não poderiam funcionar apropriadamente antes de termos em mente a definição de um jogo. Seria, portanto, impossível, por exemplo, fornecer um exemplo ou uma explicação de um jogo antes disso. Essa implicação, porém, é contraintuitiva. Nós podemos, por exemplo, apontar para vários casos de jogos e pessoas jogando-os e simplesmente dizer: "a isto e a coisas parecidas chama-se um jogo"[311]. Com isso Wittgenstein quer enfatizar que a nossa capacidade de individuação, isto é, a capacidade para dizer o que uma coisa é, é independente da posse de uma definição com limites precisos[312]. De fato, podemos utilizar conceitos assim, mas "posso usá-lo também de tal modo que a extensão do conceito *não* seja fechada por um limite"[313]. O argumento de Wittgenstein, portanto, não se direciona ao uso de conceitos com limites precisos. Seu ponto, na verdade, é rejeitar a vinculação necessária entre o uso competente de um conceito e a sua aplicação ser totalmente determinada por regras: "Você pode traçar alguns [limites]: pois ainda não foi traçado nenhum. (Mas isto nunca o perturbou, quando você empregou a palavra 'jogo'.)"[314].

O objetivo de Wittgenstein, com isso, é desmascarar o estatuto da unidade conceitual exigida pela concepção de definição real. Em vez de dizer-nos que definições reais são necessárias em virtude de uma

---

[310] *IF* 66-9.

[311] *IF* 69.

[312] Segundo Kuusela (KUUSELA, Oskari. Wittgenstein and the unity of good. **European Journal of Philosophy**, v. 28, n. 2, p. 428-444, 2020, p. 6), os parágrafos *IF* 68-71 são contra-argumentos diretos a Frege. Eles falam acerca do fato de que para conceitos com bordas esfumaçadas não significa que o seu uso não seja determinado por regras (*IF* 68); também de que não é verdadeiro que nós não sabemos o que algo é antes de dar quaisquer definições, tampouco é verdadeiro que um conceito com bordas do tipo não seja de todo um conceito (*IF* 70); e, por fim, que a explicação do que essas coisas são pode ser feita por um determinado uso de exemplos que não necessariamente visa apontar para algo em comum em todos os casos (*IF* 71).

[313] *IF* 68.

[314] *IF* 68.

necessidade natural, Wittgenstein mostra que tal unidade é produzida. Afinal, segundo ele, quando nós dirigimos nossa atenção para os casos relevantes, uma propriedade em comum a todos não salta automaticamente aos nossos olhos. Uma propriedade do tipo só aparece quando o nosso olhar é treinado por um certo tipo de pensamento que busca a generalidade. Coisa que, como afirmado, deveria constituir a atividade do(a) filósofo(a) como interessado(a) apenas em questões sublimes, segundo uma visão tradicional. Daí a recomendação: "[...] não penses, olha!":

> Não diga: "Algo deve ser comum a eles, senão não se chamariam 'jogos'", – mas *veja* se algo é comum a eles todos. – Pois, se você os contempla, não verá na verdade algo que fosse comum a *todos*, mas verá semelhanças, parentescos, e até toda uma série deles[315].

Para Wittgenstein, portanto, isso permite constatar que muitos conceitos não apresentam no seu uso o tipo de unidade conceitual simples exigida por definições reais, as quais são centradas na ideia de uma propriedade em comum que unifica todos os casos. Ao contrário, alguns conceitos apresentam tipos de unidades conceituais complexas, por exemplo, os conceitos de semelhanças de família. O que é característico, para Wittgenstein, na sua unidade conceitual é, em vez de uma propriedade compartilhada, (1) uma rede complexa de semelhanças que se cruzam e se sobrepõem umas às outras (*IF* 66). Por esse motivo, (2) os casos, que caem sob esses conceitos, apresentam conexões por meio de semelhanças diretas e indiretas[316].

Nesse sentido, uma família conceitual pode conter casos mais centrais – em que não há dúvida acerca da sua aplicação – e casos periféricos – em que tal dúvida existe[317]. Por exemplo, em uma configuração de uma família conceitual simples, um caso A que, digamos, é central se assemelha a B por meio do aspecto x. B, por sua vez, assemelha-se a C via y. Porém, pode ser que C não compartilhe x ou quaisquer outros aspectos com A, mas se lhe assemelhe por meio de uma conexão indireta por intermédio de B. Ou seja, por meio de um "[...] parentesco indireto com outras

---

[315] *IF* 66, grifos no original.
[316] Segundo Wittgenstein, os conceitos de "jogo", "linguagem" e "número" têm essa unidade conceitual (*IF* 65-67).
[317] KUUSELA, O. Wittgenstein and the unity of good. **European Journal of Philosophy**, [s. l.], v. 28, n. 2, p. 428-444, 2020, p. 6.

[coisas] que chamamos também assim"[318]. Nesse exemplo, C é um caso de periferia. E é exatamente assim que ocorre em uma família, a pessoa da geração 0 (digamos, a avó) apresenta grande semelhança com os seus descendentes – geração 1. Porém, pode ser que avó e neta – geração 2 – não compartilhem quaisquer traços físicos semelhantes. Não obstante, ambas possuem uma conexão indireta entre si por meio das pessoas da geração 1 e, por isso, dizemos que têm parentesco[319].

Segundo Hanoch Ben-Yami[320], os defensores da concepção de definição real poderiam ainda argumentar que um conceito de semelhanças de família é contraditório em termos fregeanos e, por isso, não é um conceito genuíno. Isto é, não seria possível a partir dele explicar por que excluímos certos exemplos de um dado conceito e incluímos outros. Por exemplo, guerra possui muitos elementos em comum com jogo, por exemplo, há vencedor(a) e perdedor(a), estratégias etc. Isso nos permitiria incluir guerra dentro do conceito de jogo. Porém, guerra não é um jogo. Portanto, esse modo de conceituação seria inválido. Essa crítica, porém, não parece ser pertinente. Isso porque ela parece ser formulada ainda de dentro de um contexto de exigências de definições reais. Pois ela busca uma propriedade que singularmente possa excluir um elemento de um conceito e incluir outro, uma exigência típica da concepção de definição real. Uma vez que tal precisão não é uma exigência da concepção de definição por semelhanças de família, essa crítica erra o alvo. Segundo o autor, uma conceituação por semelhanças não introduz uma única propriedade que delimita um limite preciso, mas sim introduz vários aspectos conceituais mutualmente exclusivos. Isso significa que não é apenas um aspecto singular que opera essa delimitação, mas sim uma rede de aspectos. Sendo assim, temos casos com semelhanças de famílias pelo fato de eles compartilharem a maioria desses aspectos, embora não outros. Com isso, criamos limites caracteristicamente vagos.

É pouco provável, no entanto, que esse argumento convença os defensores da concepção de definição real. Isso porque tal discussão não parece esgotar-se apenas em uma questão sobre quais tipos de definição existem. Como apontado no início da seção, a adoção da concepção de definição real está relacionada, para Wittgenstein, com uma posição

---
[318] *IF* 67.
[319] Isso, por sua vez, também permite que os limites do conceito sejam ampliados para compreenderem novos casos que apareçam (*IF* 67). Assim como uma família que aumenta a cada geração.
[320] BEN-YAMI, 2017, p. 412.

normativa acerca de como deve ser a tarefa da filosofia e, em particular, qual deve ser a forma de uma definição. Dessa perspectiva, portanto, trata-se, em primeiro lugar, de convencer o(a) filósofo(a) tradicional de que não há uma tal exigência filosoficamente legitimadora de uma definição. A solução de Wittgenstein contra isso é girar o eixo da investigação filosófica, questionar essas exigências filosóficas[321]; mais especificamente, fazer cessar a insistência filosófica de que uma definição que não cumpra os requisitos de uma definição real não seja uma definição. Espero deixar claro na próxima seção que é exatamente a partir dessa perspectiva que o ponto de Wittgenstein com relação às definições deve ser compreendido.

3.2.3 Precisão e vagueza: o ponto de Wittgenstein

Como mostrado, na seção anterior, Wittgenstein refuta a primeira exigência da concepção de definição real demonstrando que não é necessário formular uma definição real para saber o que uma coisa é. A partir dessa discussão, poder-se-ia pensar que Wittgenstein estaria tentando inviabilizar definições reais. Afinal, ele afirma que "[...] não há uma coisa comum a esses fenômenos, em virtude da qual empregamos para todos a mesma palavra – mas sim que são aparentados uns com os outros de muitos modos diferentes"[322].

Sendo assim, no período do *TLP*, Wittgenstein teria adotado a posição realista tradicional com relação às definições, isto é, a posição de que um conceito se aplica a múltiplos objetos, porque estes possuem uma (ou mais) propriedade(s) em comum. Esse trecho, em contraste, revelaria uma tendência antirrealista no pensamento de Wittgenstein sugerindo que ele doravante adota a posição oposta[323]. Qual seja, a de que a formulação de conceitos não deriva de propriedades compartilhadas entre os objetos. Isto é, os termos que nós criamos para representá-los não se referem a nada de real, são apenas produto das práticas de conceituação.

---

[321] *IF* 108.

[322] *IF* 65.

[323] Merill Ring utiliza o termo nominalismo eliminativista para caracterizá-la. Segundo ela, tal posição seria caracterizada pela afirmação da tese de que nenhuma separação de objetos por categorias é determinada por uma realidade independente de nós, contendo, por exemplo, propriedades compartilhadas pelos diversos objetos. O nominalismo é a forma mais forte de antirrealismo, porque nega a existência das entidades que a posição realista afirma, em nosso caso, as propriedades compartilhadas. Com isso, ela também envolve um compromisso ontológico, mesmo que em sentido contrário ao realismo (RING, Merill. Wittgenstein on Essence. **Philosophical Investigations**, v. 42, n. 1, p. 3-14, 2019, p. 5-6).

Com efeito, a posição de Wittgenstein guarda alguma semelhança com esta última. Ambas aceitam que a categorização é produto das práticas conceituais humanas, não de propriedades existentes antes dos conceitos. Apesar disso, Wittgenstein não a sustenta. Ele, por exemplo, rejeitaria uma implicação nominalista que possivelmente resultaria em relativismo. A saber, de que podemos, por exemplo, denominar guerra "jogo", simplesmente porque decidimos fazê-lo individualmente. Há sim, para Wittgenstein, uma instância que determina como devemos utilizar certas palavras, que é a regularidade encontrada no uso cotidiano da linguagem[324]. Assim, quando dúvidas surgem sobre o significado de determinados termos ou conceitos, Wittgenstein sugere que busquemos saber como se dá o processo de aprendizado desses termos e em quais jogos de linguagem eles são efetivamente utilizados[325].

Isso demonstra que Wittgenstein adota um tipo de posicionamento minimalista com relação à questão das definições reais[326]. Tal posição é marcada por um argumento de natureza metodológica e finalidade negativa. Não se trata de recomendar o uso de definições vagas. Mas mudar a atitude filosófica tradicional com relação a elas por meio de um exercício da imaginação filosófica em busca de novas possibilidades conceituais que não envolvem necessariamente precisão.

Essa questão, por sua vez, reconecta as concepções de jogos de linguagem e semelhanças de família no contexto da orientação filosófica mais geral de Wittgenstein[327]. Como visto na seção anterior, Wittgenstein não mobiliza a concepção de jogos de linguagem para fazer afirmações de tipo empírico sobre quais jogos de linguagem existem. Em *IF* 2, ele imagina a linguagem dos construtores como efetiva no seu funcionamento peculiar para romper com a concepção filosófica problemática de linguagem monofuncional assentada na analogia do cálculo. Assim

---

[324] Uma posição nominalista também estaria simplesmente em contradição com a orientação filosófica geral de Wittgenstein. Afinal, como afirmado na nota anterior, a posição nominalista também envolve compromisso em discussões ontológicas fora do escopo de interesse filosófico de Wittgenstein. Assim também a afirmação de que não pode haver definições reais corresponde a uma posição teórica acerca das definições, *i.e.*, uma premissa para a formulação de uma nova teoria acerca das definições que substituísse a concepção de definição real. Em sentido contrário a isso, a concepção de filosofia de Wittgenstein sustenta que em filosofia não se pode avançar teses ou formular teorias (*IF* 109).

[325] *IF* 77.

[326] BAKER; HACKER, 2005a, p. 212 e DALL'AGNOL, D. Semelhanças de família nos usos de 'bom'. **ethic@** - An international Journal for Moral Philosophy, Florianópolis, v. 15, n. 2, p. 216-230, 2016, p. 2020.

[327] Esse aspecto da concepção de jogos de linguagem é tratado supra na seção 3.1.1. Surgimento da analogia do jogo.

também, no início da presente discussão, o interlocutor de Wittgenstein exige uma definição real como pré-requisito filosófico. Em resposta a isso, Wittgenstein parece mobilizar tacitamente a concepção de semelhanças de família para marcar distinções contextuais entre o uso de conceitos vagos e precisos. Ele se questiona: "Pode-se substituir com vantagem uma imagem pouco nítida por uma nítida? Não é a imagem pouco nítida justamente aquela de que, com frequência, precisamos?"[328].

O que isso quer dizer é que as definições reais não são problemáticas em si mesmas. O que é problemático é a exigência filosófica de que toda a definição seja precisa, caso contrário não será uma definição. O que determinará a sua adaptação é a nossa finalidade especial[329], isto é, o contexto, ou em que jogos de linguagem uma definição é utilizada. Por exemplo, muito provavelmente filósofos e filósofas tradicionais insistiriam que uma definição apropriada de "número" deve permitir incluir números complexos. Isso é justo, afinal, uma tal definição é utilizada nas práticas de calcular dos matemáticos e em debates filosóficos. Por outro lado, para explicar como contamos de um até dez, definições numéricas pouco elaboradas e vagas são úteis. A exigência de que utilizemos também nesse caso definições extremamente complexas, envolvendo noções matemáticas técnicas, provavelmente desvirtuará o propósito para o qual uma definição é buscada nesse contexto – além de ser uma exigência, no mínimo, peculiar. Isso, por fim, demonstra que não há qualquer necessidade de considerar a complexidade como um fator hierarquizador entre essas aplicações do conceito de "número"[330].

Considerando, portanto, o fato de o principal alvo de Wittgenstein ser a concepção de definições reais e da tradicional hostilidade filosófica dirigida à vagueza, ele se encontra em uma situação de necessidade de justificar o estatuto epistêmico de definições com bordas esfumaçadas. Isto é, mostrar como o método de definição vaga deve ser considerado a par do método de definição precisa e não como uma segunda opção a ele[331]. E isso pode sugerir, embora erroneamente, que Wittgenstein adotaria a

---

[328] *IF* 71.
[329] *IF* 69.
[330] *IF* 97.
[331] BEN-YAMI, 2017, p. 412-3.

posição contrária com relação às definições[332], isto é, uma espécie de nominalismo. É necessário ter em mente, porém, que, ao mesmo tempo que há uma crítica à exigência de definições reais nas *IF*, por outro lado, não há nada escrito lá que testemunhe contra as próprias definições reais[333]. Isso caracteriza a sua posição minimalista.

3.2.4 Semelhanças de família e ética

Agora devo me dirigir às implicações dessa discussão para a ética. Tentarei demonstrar que ela não conduz necessariamente a uma mudança na concepção de ética de Wittgenstein, tal como argumenta a leitura tradicional.

Como visto, alguns pontos da abordagem filosófica de Wittgenstein no *TLP* foram marcados pela adoção de uma concepção de definição real. Segundo Rhees, há um paralelo desse procedimento essencialista também na caracterização do domínio da ética como domínio daquilo que não pode ser dito, pois a referência aos predicados éticos só acontece em termos absolutos e contrassensuais[334]. Agora, em contraste, Wittgenstein abandona um interesse puramente formal pelos conceitos e juízos éticos[335], isto é, ele não estaria mais interessado se o discurso ético emprega especificamente o vocabulário "bem" e "mal". Pois ele deixa de considerar que os conceitos dessa natureza apresentam o tipo de unidade conceitual antes exigida, i. e., uma que pudesse ser sistematicamente articulada em uma definição. Agora ele estaria interessado na complexa rede de significados que está envolvida no uso desses termos[336]. Ou seja, Wittgenstein passa a sustentar que "bom" e outros conceitos éticos têm semelhanças de família[337]. Por esse motivo, por exemplo, Rush Rhees

---

[332] Apesar disso, na maioria das vezes, Wittgenstein, de fato, quer levar-nos à conclusão de que uma unidade conceitual do tipo deve ser abandonada. Afinal, mesmo que conceitos com unidade conceitual simples e condições de aplicação totalmente determinadas por regras sejam escolhidos por razões alegadamente pragmáticas, há sempre a chance de essa escolha não ser genuína, mas influenciada por tendências profundamente enraizadas no nosso pensamento (*BB* 63).

[333] PERISSINOTTO, L. 'The Socratic Method!': Wittgenstein and Plato. *In:* PERISSINOTTO, L.; CÁMARA, B. R. (org.). **Wittgenstein and Plato:** Connections, Comparisons and Contrasts. Basingstoke: PALGRAVE MACMILLAN, 2013. p. 59.

[334] RHEES, 1965, p. 25.

[335] GLOCK, 1998, p. 144.

[336] WALKER, 1968, p. 224-5.

[337] GLOCK, 1998, p. 145.

afirma que Wittgenstein abandona a sua referência a conceitos éticos em termos de juízos e valores "absolutos"[338].

A principal evidência que a leitura convencional possui para esse argumento é o parágrafo 77 de *IF*, em que Wittgenstein afirma:

> [...] nesta situação encontra-se, por exemplo, aquele que busca na estética ou na ética definições que correspondam a nossos conceitos. [novo parágrafo] Nesta dificuldade, pergunte sempre: como *aprendemos* o conceito desta palavra ('bom', por exemplo)? Segundo que exemplos; em que jogos de linguagem? Você verá então, mais facilmente, que a palavra deve ter uma família de significações.

Nessa citação, Wittgenstein parece sugerir que tais conceitos apresentam bordas esfumaçadas e, por isso, a tentativa de formular bordas precisas para eles resultaria em problemas. Alegadamente, essa seria uma forte evidência de mudança da concepção de ética de Wittgenstein. Afinal, ele afirma na *CE* que a ética é a investigação acerca da natureza de "bom"[339]. Se ele sustenta agora uma nova visão acerca da natureza desse conceito, isso poderia comprovar tal mudança.

Acredito que para formular nosso argumento contra a leitura convencional é necessário responder a três perguntas: (1) a mera discussão de um tipo diferente de unidade conceitual compromete necessariamente Wittgenstein com a afirmação de que "bom" é um conceito de semelhanças de família? (2) Wittgenstein realmente acreditava que "bom" é um conceito de semelhanças de família? (3) O fato de "bom" ser um conceito de semelhanças de família implica necessariamente alguma mudança na sua concepção de ética? Debruçar-me-ei sobre elas agora.

Sobre a primeira pergunta, julgo que a resposta mais adequada é negativa. Uma resposta positiva, tal como fornece a leitura convencional, parece ser um salto. Há pelo menos dois motivos para afirmar isso: em primeiro lugar, devemos localizar a afirmação do parágrafo citado no contexto da discussão[340]. Em segundo lugar, devemos também ter em mente a concepção gramatical de filosofia defendida por Wittgenstein para compreendermos o seu objetivo nesta seção.

---

[338] RHEES, 1990, p. 185.
[339] WITTGENSTEIN, 2005, p. 216.
[340] *IF* 65-81.

Em *IF* 77, a menção aos conceitos éticos aparece no contexto da discussão acerca da concepção de semelhanças de família; essa concepção, porém, ocupa apenas uma parte desta seção[341]. Embora ela se sobressaia no texto, Wittgenstein também trata de outros exemplos de conceitos, cujas condições de aplicação não são totalmente determinadas por regras.

Depois do parágrafo 78, por exemplo, Wittgenstein trata do conceito de "Moisés". Wittgenstein também rejeita que seja possível fornecer-lhe uma definição real, pois o seu significado não pode ser apreendido por uma só descrição referente a uma propriedade essencial, por exemplo, o filho de Abraão, a pessoa que liderou os hebreus através do mar vermelho, o receptor dos dez mandamentos etc. Esse, porém, também não é um exemplo de conceito de semelhanças de família. Isso porque essas descrições não apresentam necessariamente traços aparentados que se relacionam entre si de maneira direta ou indireta. Na verdade, elas não parecem estar relacionadas de uma forma específica.

Isso, por sua vez, significa que a concepção de semelhanças de família em si não é o foco exclusivo da discussão desta seção (§§65-83). Muito menos a discussão sobre a definição do conceito de "bom", que aparece dentro desse contexto. Segundo Oskari Kuusela[342], nesse trecho a questão pertinente para Wittgenstein são os tipos de conceitos que não possuem uma unidade simples, mas bordas esfumaçadas. Portanto, como já assinalado algumas vezes, não se trata de defender uma exigência de definições vagas. Trata-se, na verdade, de responder à posição filosófica tradicional com relação às definições desvelando novas possibilidades conceituais que, por razões de dogmatismo, são negligenciadas.

É a partir desse pano de fundo que ocorre a discussão sobre a concepção de semelhanças de família como um tipo de vagueza conceitual e a sugestão de "bom" como um suposto exemplo de um conceito de semelhanças de família[343]. Isso, por sua vez, parece implicar em um enfraquecimento do parágrafo 77 como evidência para o argumento da leitura convencional. Nesse contexto, a importância dessa afirmação é significativamente diminuída, pois demonstra que a menção aos conceitos éticos aqui é apenas indireta. Se isso é assim, é possível concluir que a resposta positiva da leitura convencional para a primeira pergunta representa

---

[341] *IF* 65-77.
[342] KUUSELA, 2020, p. 4.
[343] *Ibid.*, p. 4.

uma projeção das discussões em torno da concepção de semelhanças de família[344]. Há aqui, portanto, uma extensão indevida de uma discussão de caráter negativo para se chegar a uma conclusão positiva sobre a concepção de Wittgenstein acerca da natureza do conceito de "bom".

Se, portanto, o objetivo de Wittgenstein nesta seção não é exclusivo à concepção de semelhanças de família, então qual é o seu objetivo? Isto é, o que une a menção a conceitos de semelhanças de família e os outros tipos de conceitos com bordas esfumaçadas? Com a resposta para essa questão adentro no segundo aspecto mencionado supra na nossa resposta para a pergunta (1), a saber, como a concepção gramatical de filosofia ajuda-nos a compreender o objetivo de Wittgenstein nesta seção.

Sustento na seção anterior que a discussão sobre a concepção de semelhanças de família é marcada pela adoção de uma posição minimalista da parte de Wittgenstein. Isso significa que esses tipos de conceitos vagos são utilizados como ferramentas clarificatórias para discutir casos de falta de regulação por regras. Com eles, Wittgenstein quer tirar como conclusão um ponto metodológico mais abrangente, a saber, que o fato de haver casos-limite para as condições de aplicação de um conceito de bordas esfumaçadas não o torna problemático ou um não conceito[345]. Este, como visto, seria uma implicação típica da concepção de definição real.

Considerando isso, a conclusão plausível a se tirar é que Wittgenstein apenas sugere que a ética seria uma área em que esse método de compreensão conceitual por semelhanças de família poderia ser aplicado com vantagens[346]. Para que isso pudesse corroborar o posicionamento da leitura convencional, haveria ainda a necessidade de levar adiante uma investigação gramatical sobre o uso de conceitos éticos que mostrasse as redes de parecença de termos morais. E uma tal investigação poderia muito bem mostrar que na verdade utilizamos conceitos éticos, tal como "bom", fazendo referência a um significado com unidade conceitual

---

[344] KLAGGE, J. C. Wittgenstein and von Wright on Goodness. **Philosophical Investigations**, [s. l.], v. 41, n. 3, p. 291-303, 2018, p. 3.

[345] Segundo Kuusela, isso pode ser conectado com um exemplo anterior sobre a altura que alguém teria que jogar a bola para sacar ao jogar tênis (*IF* 68). Nos dois a ideia que norteia o argumento de Wittgenstein é a de relevância. Em um exemplo de uma cadeira que desaparece e reaparece, Wittgenstein argumenta que reconhecer que as condições de aplicação desse conceito não estão totalmente determinadas por regras não compromete a regularidade da sua aplicação. Isso porque nós continuamos chamando a esse objeto de cadeira independentemente de ele aparecer e desaparecer aleatoriamente. Portanto essa indeterminação é irrelevante para o conceito (KUUSELA, Oskari. Wittgenstein and the unity of good. **European Journal of Philosophy**, v. 28, n. 2, p. 428-444, 2020, p. 7).

[346] KUUSELA, 2020, p. 12.

simples. Portanto, em resposta a (1), parece que a mera discussão de um tipo diferente de unidade conceitual não compromete necessariamente Wittgenstein com a afirmação de que "bom" é um conceito de semelhanças de família. Isso parece testemunhar contra o argumento da leitura convencional.

Passo agora para a segunda pergunta, a saber, (2) Wittgenstein realmente acreditava que "bom" é um conceito de semelhanças de família? Contra a leitura convencional, alguns autores afirmam que "bom" não pode ser um conceito de semelhanças de família. Peter Hacker, por exemplo, afirma que a partir das evidências textuais dos escritos de Wittgenstein não está claro que uma investigação gramatical pode mostrar que "bom" é um conceito de semelhanças de família, apesar de Wittgenstein sugeri-lo em *IF* 77[347]. Como enfatizado diversas vezes, o principal motivo dessa afirmação se dá porque, de fato, como afirma Darlei Dall'Agnol[348], os argumentos de Wittgenstein acerca da natureza desse conceito possuem uma ênfase negativa, isto é, ele conduz a discussão como um contra-argumento a uma posição essencialista. Portanto, o foco de Wittgenstein seria prioritariamente negar que "bom" e "belo" têm uma unidade conceitual simples, ao invés de afirmar positivamente que são conceitos de semelhanças de família.

Hacker segue argumentando nesse sentido apoiando-se em Georg von Wright. Em *The Varieties of Goodness* von Wright argumenta que "bom" não é um conceito de semelhanças de família. Segundo ele, conceitos do tipo possuem as seguintes características: eles tipicamente causam "(i) confusão sobre se algo 'realmente' cai sobre esse conceito, e [eles admitem que] (ii) novos membros da família possam originar no curso da história"[349]. Para Hacker, porém, isso deve acontecer sem que o significado inicial do conceito se altere: "[...] o conceito de jogo não mudou com a adição da categoria de jogos de computador e não mudara no passado com a introdução de jogos de cartas"[350].

---

[347] BAKER, G. P.; HACKER, P. M. S. **Wittgenstein:** Understanding and Meaning. Vol. 1. Part II. Exegesis. Chichester: Wiley-Blackwell, 2005b. p. 169.

[348] DALL'AGNOL, 2016, p. 220.

[349] VON WRIGHT, G. H. **The Varieties of Goodness**. London: Routledge, 1963, p. 16. No original: "(i) 'bewilderment as to whether something 'really' falls under this concept," and (ii) "new members of a family may originate in the course of history".

[350] BAKER; HACKER, 2005b, p. 171. No original: "[...] the concept of game has not changed by the addition of the category of computer games, and did not change in the past by the introduction of card games".

De acordo com James Klagge[351], porém, o comentário de Hacker sugere uma espécie de essencialismo em que conceitos não podem evoluir, apenas ser substituídos. Se esse fosse o caso, porém, o pensamento de que "bom" não possa ser um conceito de semelhanças de família implicaria que nós saberíamos tudo acerca do seu significado desde o começo, já que o seu significado não poderia mudar com a adição de novas coisas boas. Klagge sugere então que essa menção prova justamente o contrário. Um exemplo disso, para ele, é o fato de que a: "[...] eventual apreciação da diversidade em algumas sociedades parece corresponder a uma inovação no nosso entendimento de bondade, a qual desafia e às vezes molda o conceito"[352]. Para ele, portanto, não há nada que impeça considerarmos que o conceito de "bom" pode sim evoluir ao longo do tempo e ganhar novos significados a partir das circunstâncias diferentes e de nossas diferentes reações a essas circunstâncias.

Como disse, porém, algo do tipo só poderia ser decidido olhando especificamente para a gramática desse conceito. O parágrafo 77 das *IF* não fornece uma resposta direta para isso, entretanto Wittgenstein parece realizar uma investigação gramatical incipiente em algumas palestras e conversas entre os anos de 1930-35. Aqui me refiro especificamente a algumas notas desses episódios transcritos e publicados[353]. Nessas situações, Wittgenstein parece realmente sustentar que "bom" é um conceito de semelhanças de família.

Wittgenstein aborda a questão quando da discussão acerca da explicação do significado das palavras em palestras de maio de 1933. Novamente, seu objetivo é problematizar alguns pressupostos da concepção de definição real. Porém, diferentemente do parágrafo 77, Wittgenstein tenta mostrar mais detalhadamente como uma investigação gramatical pode elucidar significados de conceitos no âmbito da ética e da estética[354].

Na tradição filosófica ocidental, Aristóteles introduz a discussão acerca da ambiguidade do conceito de "bom". Em Ética a Nicômaco, ele afirma que: "O 'bem' diz-se na categoria de substância, da qualidade, e

---

[351] KLAGGE, 2018, p. 5-6.
[352] *Ibid.*, p. 6. No original: "[...] eventual appreciation of diversity in some societies seem to be innovations in our understanding of goodness that challenge and sometimes mould the concept".
[353] WITTGENSTEIN, Ludwig. **Wittgenstein's lectures, Cambridge, 1932-1935**: from the notes of Alice Ambrose and Margaret Macdonald. Amherst: Prometheus Books, 2001; WITTGENSTEIN, Ludwig; MOORE, George E. **Wittgenstein:** Lectures, Cambridge 1930 – 1933 From the Notes of G. E. Moore. Cambridge, United Kingdom: Cambridge University Press, 2016.
[354] WITTGENSTEIN; MOORE, 2016, p. 323.

da relação [...] Deste modo, por conseguinte, não parece haver uma ideia comum a todas estas formas de manifestação de bem"[355]. Assim, como ele, Wittgenstein se insere no debate problematizando a tradicional maneira platônica de abordá-lo, isto é, perguntando por algo em comum que todas as coisas boas supostamente teriam. O mesmo ocorreria com a beleza como um atributo que todas as coisas belas possuem[356].

Para Wittgenstein, essa concepção de unidade conceitual se sustenta sobre uma analogia problemática, a qual pensa as qualidades ou propriedades[357] como ingredientes em uma mistura. Pois é como se todas as propriedades, que determinam os conceitos, pudessem ser isoladas das coisas às quais se aplicam e analisadas por si mesmas[358] [359].

Contra ela, Wittgenstein propõe que consideremos como aprendemos essas palavras[360], como elas são utilizadas e em quais jogos de linguagem. Com relação às palavras "belo" e "feio", Wittgenstein tenta argumentar que nós não as aprendemos por meio de uma explicação, que se propõe a isolar a qualidade essencial por trás dessas palavras e de todas as coisas que são ditas belas e feias. Ou seja, feiura e beleza não são propriedades que encontramos em sua forma pura apartadas da nossa referência a coisas belas e feias. Para Wittgenstein, isso atesta que a gramática de "belo" e "feio" é tal que o seu significado está, na verdade, conectado "[...] com as palavras que elas modificam e quando aplicadas a um rosto não são [significam] o mesmo que quando aplicadas a flores e árvores"[361].

Isso significa que, em cada caso, para Wittgenstein, a ligação desses adjetivos com palavras distintas que se referem a, por exemplo, traços faciais, "rosto"; ou coisas da natureza frequentemente admiradas, flores; cada uma dessas ligações constrói um jogo de linguagem específico. Estes, por sua vez, determinam gramaticalmente os significados desses termos. Isso significa que quando falamos sobre a beleza de coisas diferentes, nós

---

[355] ARISTÓTELES. Ética a Nicômaco. São Paulo: Editora Atlas, 2009. p. 23.
[356] WITTGENSTEIN, 2001, p. 34, §31-32.
[357] Utilizo os termos *salva veritate*.
[358] WITTGENSTEIN; MOORE, 2016, p. 332.
[359] Como mencionado anteriormente, para Frege, há uma associação entre o trabalho do lógico ou do filósofo com o do químico. Wittgenstein parece ter isso em mente aqui.
[360] WITTGENSTEIN, 2001, p. 35, §32.
[361] *Ibid.*, p. 35, §32.

utilizamos significados diferentes do termo "belo" e, portanto, queremos dizer coisas diferentes:

> Você frequentemente usa, ao discutir sobre uma porta, o mesmo tipo de expressões que usa, ao discutir sobre um rosto ou corpo humano. Contudo, você não pode dizer de um rosto humano o mesmo tipo de coisa que diz sobre a encadernação de um livro. Então o que você quer dizer com "beleza" no caso de um rosto humano, está ligado à boca, ao nariz e aos olhos[362].

Segundo Wittgenstein, o mesmo tipo de análise vale também para conceitos com acepções éticas como "bom", isto é, estes também são determinadas pelos jogos de linguagem em que ocorrem[363]. Ou seja, no caso da ética, isso significará que a palavra "bom" terá um significado diferente, quer seja utilizada para qualificar uma boa caneta, quer um bom saque em um jogo de tênis, quer uma boa compra, ou uma boa ação em sentido especificamente moral[364]. Pois, segundo o raciocínio de Wittgenstein, cada um desses exemplos se refere a um jogo de linguagem específico.

Em suma, a conclusão de Wittgenstein acerca da gramática de "bom" demonstra que o uso desse termo não faz referência a uma propriedade em comum a todas as coisas boas. Sendo assim, Wittgenstein parece ecoar a conclusão de Aristóteles de que a forma como utilizamos o conceito de "bom", predicando-o de várias coisas diferentes, implica que esse conceito não possui uma unidade conceitual simples. Contudo, isso não é suficiente para garantir que "bom" seja um conceito de semelhanças de família. Afinal, como visto, além de ter uma unidade conceitual complexa, conceitos do tipo precisam ainda apresentar semelhanças entre seus usos e uma transição gradual entre seus membros. "Bom" poderia, por exemplo, ser um conceito com uma gramática análoga à de Moisés, cujas variadas descrições não se relacionam entre si via semelhanças e transições graduais.

---

[362] WITTGENSTEIN; MOORE, 2016, p. 338. No original: "You often use in discussing a door the same sort of expressions as you do of a human face or body. But you can't say of a human face the same sort of thing as you can of the binding of a book. So what you mean by "beauty" in the case of a human face, is bound up with mouth, nose & eyes".

[363] WITTGENSTEIN, 2001, p. 35, §32.

[364] De fato, os três primeiros exemplos de uso do conceito de "bom" não são especificamente exemplos éticos. No entanto, parece-nos necessário incluí-los na discussão, porque, juntamente a Hacker (BAKER, Gordon P.; HACKER, Peter M. S. **Wittgenstein**: Understanding and Meaning. Vol. 1. Part II. Exegesis. Chichester: Wiley-Blackwell, 2005, p. 169), julgo que uma análise gramatical do termo "bom" deve levar em consideração todos os seus usos, não apenas os com conotação especificamente ética.

Apesar de Wittgenstein não apresentar argumentos sobre como essas semelhanças e transições ocorrem no caso de "bom"[365], ele afirma que esse é, afinal, um conceito de semelhanças de família. Segundo ele, seus usos nos diferentes jogos de linguagem estão de alguma forma aparentados. Tendo em mente o paralelo mencionado entre a gramática dos conceitos estéticos e éticos, Wittgenstein afirma que "O jogo que você aprende quando aprende a aplicação [de conceitos estéticos como 'belo'] para rostos humanos não é o mesmo que no caso de flores: embora ele tenha alguma similaridade"[366]. Portanto, é positiva a resposta para a pergunta (2) colocada supra, Wittgenstein realmente sustenta que "bom" é um conceito de semelhanças de família.

Resta saber agora se essa resposta positiva possui alguma implicação para a pergunta (3) no sentido sugerido pela leitura convencional. É preciso investigar se o fato de "bom" ser um conceito de semelhanças de família implica necessariamente em alguma mudança na concepção de ética de Wittgenstein.

Segundo julgo, a sequência da argumentação de Wittgenstein acompanhada supra fornece a chave para responder a essa pergunta. Argumentarei que a caracterização de "bom" como um conceito de semelhanças de família não implica em uma mudança na concepção de ética de Wittgenstein. O motivo disso é o fato de que, apesar dela, o filósofo continua sustentando aspectos-chave da sua concepção de ética tractariana, a saber, uma distinção nítida entre o domínio da ética e o domínio empírico, sugerindo que o primeiro se refere ao domínio da valoração.

Wittgenstein conecta a discussão sobre a gramática de "bom" com duas outras questões pertinentes e interligadas, a saber, sobre se "bom" é uma propriedade[367] e se podemos elucidar o seu significado a partir de uma explicação teórica. A primeira questão já tratada em parte, recebe uma resposta negativa de Wittgenstein: bom não é uma propriedade.

---

[365] Possivelmente, Hacker se referia a esse problema quando afirmara que não está claro que "bom" seja um conceito de semelhanças de família (BAKER, Gordon Peter; HACKER, P. M. S. **Wittgenstein:** Understanding and Meaning. Vol. 1. Part II. Exegesis. Chichester: Wiley-Blackwell, 2005b, p. 169).

[366] WITTGENSTEIN; MOORE, 2016, p. 338. No original: "The game you learnt when you learnt the application to human faces, was not the same as in the case of flowers: though it has some similarity".

[367] A discussão sobre "bom" ser uma propriedade é provavelmente empreendida por Wittgenstein em resposta a uma sessão de debates organizada pelas *Aristotelian Society and the Mind Association* em 1932. Uma das discussões levava justamente o título: "*Is Goodness a Quality?*" (WITTGENSTEIN, Ludwig; MOORE, George E. **Wittgenstein**: Lectures, Cambridge 1930–1933 From the Notes of G. E. Moore. Cambridge, United Kingdom: Cambridge University Press, 2016, p. 324, n. 22).

Aprofundar-me-ei agora na resposta de Wittgenstein, mostrando como ela está relacionada à sua recusa de um tratamento científico para a ética, transformando-a em uma disciplina ou, *salva veritate*, da atribuição de um estatuto empírico ao seu objeto de investigação.

Wittgenstein coloca a seguinte questão: se "bom" é uma propriedade, qual seria o critério para saber se algo a possui, por exemplo, ações e eventos, a possuem? Com isso, ele parece estar indagando acerca de qual tipo de investigação seria adequada para o domínio da ética. Uma resposta possível seria um tipo de investigação empírica. Para isso, afirma ele, deveríamos estudar ou investigar a ação ou atitude predicada por conceitos éticos tal como investigamos alguma coisa para saber se ela é de aço ou não[368]. Como mencionado, Wittgenstein parece estar assumindo aqui que propriedades podem ser identificadas nas coisas que as portam e isoladas de uma forma mais ou menos precisa, tal como o fazemos com relação à composição material de um objeto. Dizemos, esta cadeira, esta mesa e esta panela são de metal e todas elas compartilham a propriedade: "ser de metal". Portanto, se "bom" é uma qualidade, deve ser possível atingir o mesmo resultado quando analisamos ações e eventos, por exemplo.

Segundo o filósofo, após fazermos tal estudo de maneira minuciosa conheceremos a ação em todos os seus detalhes, assim como, para Frege, o lógico conhece todos os elementos de uma definição. Wittgenstein então se pergunta: "[...] posso conhecer a ação em todos os seus detalhes e não saber se ela é boa ou não? O que é bom é uma experiência [empírica] particular como aquilo que é rígido?"[369]. As perguntas de Wittgenstein são bastante sugestivas em direção a uma resposta negativa. O mesmo vale para o exemplo seguinte, que chama atenção particular. Wittgenstein se questiona: "Suponha que eu estudei todos os movimentos envolvidos em um assassinato e também todas as emoções. Há uma [...] investigação separada, tendo estudado a ação por inteiro, sobre se ela é boa ou não?"[370]. A associação aqui é praticamente automática. Wittgenstein parece utilizar o mesmo exemplo de anos antes que ocorre na CE. Lá ele afirmara que no hipotético livro contendo todas as descrições factuais do mundo poderíamos encontrar uma descrição exaustiva de todos os pormenores

---

[368] WITTGENSTEIN; MOORE, 2016, p. 332.

[369] *Ibid.*, p. 332. No original: "[...]can I know the action in all its details, & not know whether it's good or not? Is that it's good one particular experience, like that it's hard?".

[370] *Ibid.*, p. 332. No Original: "Suppose I studied all the movements involved in a murder, & also all the emotions. Is there a [...] separate investigation, having studied the whole action, whether it's good or not?".

físicos e psicológicos envolvidos no ato. Não obstante, segundo ele, esse livro "nada conterá que [sic] possamos chamar uma proposição ética"[371].

Em todos esses exemplos, Wittgenstein é uníssono ao afirmar que uma investigação empírica não pode, por definição, elucidar o significado ético de um termo. Pois nenhum arranjo de coisas, qualidades ou eventos é "bom" ou "belo" em si mesmo[372]. Portanto, dar uma resposta negativa para as perguntas sobre a investigação do termo "bom", tal como Wittgenstein insinua, significa postular uma diferença de tipos entre o domínio da ética e o domínio empírico. Como demonstrei no primeiro capítulo, isso já era viabilizado pela distinção entre dizer e mostrar.

Como dito, isso está ainda relacionado a outro aspecto que é frequentemente associado à concepção de ética de Wittgenstein, a saber, a recusa à teorização em ética. A concepção de "bom" enquanto propriedade, para Wittgenstein, pressupõe, em última análise, um posicionamento teórico sobre a questão.

Esse argumento aparece em discussão acerca das limitações do método de Frazer. Segundo Wittgenstein, quando Frazer, por exemplo, debruça-se sobre a discussão acerca do valor de determinada prática, por exemplo, de um certo ritual para uma comunidade em particular, ele frequentemente busca ressaltar os motivos por trás dela. Ou seja, causas que levam determinada comunidade a agir de determinada forma. Nesse sentido, para Frazer, de acordo com Wittgenstein, há uma razão, porque certas comunidades queimam ou realizam algum tipo de ritual com totens. Supostamente, isso se daria porque há aí elementos remanescentes de rituais de sacrifícios humanos[373].

Comparativamente, Wittgenstein argumenta que as observações antropológicas de Frazer erram o alvo relevante para a discussão ética, pois consistem sobretudo em explicações causais. Explicações desse tipo não são capazes de dizer por que os rituais em questão causam uma impressão singular nos envolvidos independentemente da sua origem[374]. Isto é, elas não conseguem explicar, por exemplo, por que a escultura ou qualquer outro instrumento ritualístico tem valor (ritualístico) para aquelas pessoas. Portanto, explicações causais não dizem nada sobre a

---
[371] WITTGENSTEIN, 2005, p. 218.
[372] WITTGENSTEIN; MOORE, 2016, p. 333.
[373] *Ibid.*, p. 328-30.
[374] *Ibid.*, p. 330.

natureza valorativa intrínseca ou característica desta prática. Sobre isso, ele escreve:

> Quando eu falo da natureza intrínseca da prática, eu quero referir-me àquelas circunstâncias, nas quais ela é realizada e que não estão incluídas na descrição de tal festival, porque elas não consistem tanto em ações particulares que caracterizam o festival, mas sim em o que se pode chamar o espírito do festival que é descrito [...][375].

O argumento de Wittgenstein por trás da menção à natureza intrínseca da prática parece surgir de uma concepção de que o método das ciências naturais é objetificante. Isto é, ele é insensível ao ponto de vista interno à prática em questão incorporado pelas pessoas engajadas nela. No máximo, as ciências podem saber que há tal ponto de vista interno, porém, elas não são capazes de explicar como a pessoa, que se insere na situação valorativa, a experiencia[376]. Essa posição metodológica está resumida em uma famosa citação de uma observação de Wittgenstein em conversa com o Círculo de Viena. Lá ele se questiona:

> É o valor um determinado estado mental? Ou uma forma, que se liga a algum dado da consciência? Eu responderia: tudo o que me poderiam dizer [sobre isso], eu recusaria, e não por ser uma explicação falsa, mas sim, por ser uma explicação[377].

Isso demonstra que o método causal da abordagem científica é incapaz de olhar-nos pelo que nós somos, isto é, seres dotados de uma capacidade valorativa que é a origem do que Wittgenstein chama de ética. Por esse motivo, para Wittgenstein, quando discutimos questões éticas ou estéticas, a psicologia, sociologia etc., não estão mais próximas da

---

[375] WITTGENSTEIN, L. **The Mythology in our Language:** Remarks on Frazer's Golden Bough. Tradução de Translated by Stephan Palmié; Edited. Chicago: Hau Books, 2018, p. 62. No original: "When I speak of the inner nature of the practice, I mean all of those circumstances in which it is carried out and that are not included in the report on such a festival, because they consist not so much in particular actions that characterize the festival than in what one might call the spirit of the festival that would be described [...]".

[376] Esse é o caso de H. L. A. Hart que afirma ser necessário para toda experiência de normatividade a adoção de ponto de vista interno. Porém, como seu método, segundo ele próprio, consiste em uma espécie de sociologia descritiva, ele não vai muito mais além desta descrição, a não ser ao afirmar que ela é considerada de importância profunda para os envolvidos (*Cf*. HART, Herbert L. A. **O conceito de direito**. Tradução de A. R. Mendes. 3. ed. Editora Fundação Calouste Gulbenkian, 1994).

[377] WAISMANN; MCGUINESS, 1996, p. 116, tradução nossa. No original: "Ist der Wert ein bestimmter Geisteszustand? Oder eine Form, die an irgendwelchen Bewußtseindaten haftet? Ich würde antworten: Was immer man mir sagen mag, ich würde es ablehnen, und zwar nicht darum, weil die Erklärung falsch ist, sondern weil sie eine *Erklärung* ist".

discussão do que, por exemplo, a física[378]. Com essa distinção metodológica, Wittgenstein novamente reafirma a separação entre o domínio da ética e o domínio das ciências em geral (humanas e naturais).

Para resumir esses dois últimos pontos, vimos que o fato de "bom" possuir uma unidade conceitual simples está ligado à sugestão de que esse conceito corresponde a uma propriedade. Isso, por sua vez, está ligado com o fato de uma propriedade ser algo empiricamente verificável e a que, portanto, pode-se dar uma explicação. Sendo assim, ao concluir que "bom" é um conceito de semelhanças de família, Wittgenstein está negando-lhe a possibilidade de ser empiricamente redutível. Algo que era fulcral para a sua concepção tractariana de ética. Isso sugere fortemente que a concepção de semelhanças de família apenas recontextualiza a concepção de ética de Wittgenstein, pois os mesmos pontos são reafirmados.

Darlei Dall'Agnol, por exemplo, explora exatamente essa recontextualização a partir da CE de Wittgenstein. Segundo ele[379], com a distinção entre valores relativos e absolutos, Wittgenstein já estaria articulando o mote fundamental por trás da sua concepção de semelhanças de família. A saber, o fato de que ambos os usos apresentam funções gramaticais diferentes e, por esse motivo, não seria possível postular uma unidade conceitual simples entre eles. Ao invés disso, tais usos constituiriam, cada um deles, uma família semântica, cada uma com a sua rede complexa de significado. Não obstante, como visto anteriormente, algo que também caracteriza a unidade conceitual de semelhanças de família é o fato de haver sempre para tais famílias casos centrais – em que não há dúvida sobre a aplicação de um termo – e casos periféricos – em que há tal dúvida. Sendo assim, seguindo a distinção entre as famílias de usos de "bom", Dall'Agnol afirma que o que caracteriza particularmente a família dos usos genuinamente éticos do termo é o fato de eles apresentarem uma valoração[380]. Nessa perspectiva, sentenças contendo vocabulário normativo, por exemplo, "tu deves...", seriam casos claros de juízos de valor. Outros usos aparentemente descritivos, por exemplo, "ela é um ser-vivo!", podem representar casos periféricos. Ainda assim, é possível mostrar que há aqui uma valoração articulada, digamos, pela dimensão perlocucionária dessa sentença, isto é, pela impressão que ela causa em quem a escuta ou lê.

---

[378] WITTGENSTEIN; MOORE, 2016, p. 341
[379] DALL'AGNOL, 2016, p. 222.
[380] *Ibid.*, p. 222-3.

Não obstante, pode-se considerar que a ideia de valoração – cardinal para a concepção de ética de Wittgenstein – ainda é articulada como unidade conceitual complexa que relaciona essas sentenças.

Com efeito, até mesmo alguns autores da leitura convencional admitem involuntariamente tal continuidade. Glock[381], por exemplo, concede que apesar de Wittgenstein concluir que "bom" é um termo determinado por semelhanças de família o filósofo continua sustentando que há um uso de bom eminentemente ético e que há uma separação entre ética e o domínio empírico. Porém, ele encara essa constatação como algo remanescente do seu período intermediário. Isto é, como algo fadado a desaparecer, uma vez que, segundo ele, o foco das discussões éticas de Wittgenstein no seu segundo momento filosófico seria sobretudo como padrões sociais de ação culturalmente determinados[382]. Aparentemente, esse novo sentido de ética e a concepção remanescente da ética como algo absoluto representam posições conflitantes sobre a mesma questão. A forma como ambas poderiam ser compatibilizadas num mesmo momento no pensamento de Wittgenstein permanece uma incógnita que Glock deixa sem solução. A impossibilidade de explicar a acomodação das duas coisas parece novamente apresentar uma lacuna na leitura convencional.

Em suma, juntamente a esse último ponto, os argumentos apresentados nesta subseção parecem atestar que há mais evidências para sustentar que Wittgenstein apresenta uma continuidade na sua concepção de ética, a despeito do desenvolvimento da concepção de semelhanças de família.

3.2.5 Excurso: A Conferência sobre Ética

Agora, enfim, é o momento de completar nosso comentário com relação à CE. Como dito no capítulo 2, a CE assume um papel de destaque na discussão sobre a suposta mudança da concepção de ética de Wittgenstein. Em primeiro lugar, porque ela é um dos poucos textos em que o filósofo se debruça sobre a questão da ética de maneira mais direta. Em segundo, porque ele se situa precisamente no período de transição entre o seu primeiro e segundo momento filosófico. Isso significa que ao mesmo tempo que esse texto pode apresentar ligações com a sua concepção tractariana de linguagem, ele deve também já apresentar indícios de ruptura

---

[381] GLOCK, 1998, p. 145.
[382] *Ibid.*, p. 144.

em direção à sua nova abordagem. Uma vez que, para leitura convencional, a concepção de ética é subordinada à concepção de linguagem, deve ser possível identificar a mesma configuração para a ética. Isto é, uma ligação com a sua concepção de ética do *TLP* e, concomitantemente, indícios de ruptura com relação a ela. Para Rhees[383] e Walker[384], por exemplo, é exatamente isso que acontece nesse texto.

O cerne da defesa desse ponto por esses autores é apresentado a partir da distinção proeminente na *CE* entre juízos de valor absolutos e relativos ou triviais[385]. Rush Rhees aponta corretamente que a adoção de uma exposição do tipo mostra já um movimento da parte de Wittgenstein de distanciamento com relação à sua abordagem essencialista do *TLP*. Para ele, isso pode ser medido a partir do papel que o uso de exemplos representa nela. Ele constata corretamente que "[...] ele [Wittgenstein] ainda pensava sobre a linguagem como primariamente uma questão de descrição. Mas a *Conferência sobre ética* começa a partir de exemplos muito mais do que o *Tractatus*"[386]. Com efeito, o uso dos exemplos é uma questão importante no desenvolvimento filosófico de Wittgenstein. Como afirma Beth Savickey[387], particularmente no período filosófico dos *NB* e do *TLP* o uso de exemplos é raro[388]. De acordo com a autora, isso é explicado pelo posicionamento metodológico que, como visto, Wittgenstein adota nesses escritos. Com efeito, como afirma Beth Savickey, particularmente no período filosófico dos *NB* e do *TLP* o uso de exemplos é raro[389]. De acordo com a autora, isso é explicado pelo posicionamento metodológico que Wittgenstein adota nesses escritos.

Mencionei anteriormente de maneira breve que, a partir dessa concepção, Wittgenstein considera que a atividade filosófica deve alinhar-se com objetivos tradicionais de caráter geral e universal[390]. Nesse sentido,

---

[383] RHEES, 1965, p. 19; 1990, p. 186.
[384] WALKER, 1968, p. 222; 229.
[385] WITTGENSTEIN, 2005, p. 216-8.
[386] RHEES, 1965, p. 19.
[387] SAVICKEY, 2011, p. 668.
[388] Segundo a autora, há cerca de três dúzias de exemplos no *TLP* e nos *NB* de Wittgenstein. Isso pode não ser uma quantidade tão pequena assim, mas é inegável a diferença no papel que esse uso dos exemplos apresenta nas *IF*. Eles se tornam elementos constituintes da argumentação filosófica de Wittgenstein. (SAVICKEY, Beth. Wittgenstein's Use of Examples. *In:* MCGINN, Marie; KUUSELA, Oskari (ed.). **The Oxford Handbook of Wittgenstein**. Oxford: Oxford University Press, 2011. p. 669).
[389] SAVICKEY, 2011, p. 668.
[390] *Cf.* a citação de *NB* 22.1.15 supra (no início da parte 3.2.2). Precisão e vagueza conceitual: a concepção de semelhanças de família.

no *TLP* 4.5 por exemplo, ele afirma que "[...] na descrição da forma proposicional mais geral, *apenas* o que lhe seja essencial pode ser descrito – caso contrário, ela não seria, é claro, a mais geral"[391]. Essa caracterização é justamente do tipo ao qual a concepção de definição real está conectada.

Isso resulta em uma atitude depreciativa com relação ao uso de exemplos como ferramenta filosófica argumentativa[392], a qual, por sua vez, leva a uma assimetria entre exemplos e definições. Por um lado, os exemplos dependem da formulação de uma definição para representarem um conjunto de uma mesma coisa. Por outro, como mencionado, a correção das definições independe da sua adequação aos exemplos. Portanto, dificilmente um exemplo poderia refutar uma definição. Se o exemplo não se lhe adequa, a posição adotada era de que o problema é com o exemplo e não com a definição. Afinal, os exemplos de proposições são considerados meros casos particulares que caem sob uma definição, mas não possuem qualquer função demonstrativa. Isto é, quando ou se forem mobilizados, devem apenas corroborar a existência da propriedade geral circunscrita, a qual, por meio de uma definição, lhes serve como um referencial normativo[393].

Posteriormente, Wittgenstein adota uma postura crítica com relação a essa posição. Ele afirma, em referência à concepção de análise lógica de Russell e dele próprio, que "[...] estávamos equivocados em não dar nenhum exemplo de proposições atômicas ou de indivíduos [leia-se, objetos simples]. Nós dois, de maneiras diferentes, deixamos a questão dos exemplos de lado"[394]. A partir disso, a sua posição com relação ao uso de exemplos também passa por modificações. Ao longo desse período e até as *IF*, a ocorrência de exemplos apresenta um aumento exponencial nos seus escritos[395]. Além disso, o significado da mobilização de exemplos também não é mais visto como a mera corroboração de uma definição. Ao invés disso, ela assume um papel gramatical. Esse ponto fica claro a partir do parágrafo 71 das *IF*, em que Wittgenstein afirma o seguinte após mostrar como se pode explicar via exemplos:

---

[391] *TLP* 4.5, grifos no original.
[392] *Cf.* a citação de *NB* 19.6.15 (em 2.1. O problema das cores).
[393] KUUSELA, 2011, p. 612-3.
[394] WITTGENSTEIN, 2001, p. 11.
[395] SAVICKEY, 2011, p. 668.

> Mas com essa expressão não quero dizer que essa pessoa deva ver agora nesses exemplos o algo comum que eu – por alguma razão – não posso exprimir. Mas sim que tal pessoa deva agora *empregar* esses exemplos de um determinado modo. A exemplificação não é aqui um meio *indireto* de elucidação [isto é, de explicação], - na falta de outro melhor. Pois toda elucidação geral pode também ser mal compreendida. [a exemplificação tem o objetivo de mostrar] Eis *como* jogamos o jogo[396].

Nesse sentido, a exemplificação passa a ter o papel fundamental de chamar atenção para determinados aspectos das nossas práticas conceituais e linguísticas – como o jogo é jogado. A exigência por definições e explicações por meio delas faz com que tais aspectos eventualmente sejam propositalmente ignorados, levando, assim, à reificação de certos modos de expressão e, por conseguinte, ao dogmatismo. Frente a isso, o objetivo desse método é justamente colocar em xeque certas posições problemáticas – por exemplo, o dogmatismo com relação às definições reais – e com isso trazer clareza para a investigação filosófica[397].

Retomando agora a questão da *CE*, Rush Rhees[398] aponta corretamente que esse método – ou melhor, um ensaio dele – é colocado em prática com a distinção entre juízos de valor absoluto e relativo. Segundo o autor, tal distinção deveria, portanto, ser compreendida como trazendo à tona determinados aspectos do uso do predicado "bom". Isso, por sua vez, revelaria o distanciamento da posição de Wittgenstein na *CE* com relação à sua abordagem essencialista do período do *TLP*. Sendo assim, a *CE* estaria metodologicamente mais próxima da concepção de sentido ou significado, enquanto uso fomentada pela sua concepção de jogo de linguagem[399] e de semelhanças de família. Um possível exemplo disso é a seguinte constatação de Wittgenstein na *CE*: "Quando dizemos: 'Esse é um bom colega', embora a palavra 'bom' aqui não signifique o mesmo que na frase 'Este é um bom jogador de futebol' parece haver alguma similaridade [...] ou algum tipo de analogia"[400].

Apesar desse quadro de mudanças conceituais, a *CE*, como dito, é um texto de transição. Por isso, ela deveria ainda apresentar uma ligação com

---

[396] IF 71, ênfases no original.
[397] KUUSELA, 2011, p. 680; SAVICKEY, 2011, p. 614.
[398] RHEES, 1965, p. 19.
[399] *Ibid.*, p. 20.
[400] WITTGENSTEIN, 2005, p. 221-2.

o período tractariano da filosofia de Wittgenstein. Rhees[401] identifica isso novamente na sua mobilização de exemplos. Nos comentários introdutórios à *CE* Wittgenstein afirma que, em vez de simplesmente formular uma definição da natureza do juízo ético, fornecerá uma gama de exemplos. O objetivo disso segundo, ele, é fazer os espectadores mentalizarem "[...] uma imagem dos traços típicos que todos eles compartilham"[402]. Rhees justapõe essa passagem com o procedimento do *TLP*, em que, segundo ele,

> [...] [Wittgenstein] considerava diferentes modos de dizer algo, com a fim de encontrar o que é essencial para a sua expressão. Ao ver o que todos esses vários modos de expressar têm em comum, podemos ver o que é arbitrário em cada um deles e distingui-lo do que é necessário[403].

Seu objetivo, com isso, é sugerir que há um posicionamento comum a eles com relação à concepção de definição real e ao uso dos exemplos. As referências supra ao *TLP* e à *CE* mostrariam, para ele, que ainda Wittgenstein sustenta uma primazia das definições com relação aos exemplos, pois sugere-se que estes servem apenas para corroborar definições e, portanto, não existem independentemente delas. Por esse motivo também, a exemplificação ainda não possui o perfil filosófico gramatical das *IF*. Sendo assim, Wittgenstein ainda estaria ligado ao seu primeiro momento filosófico nesse ponto.

Conforme demonstrado no segundo capítulo, para a leitura convencional, a concepção wittgensteiniana de ética é apenas um subproduto das suas reflexões sobre a linguagem. Sendo assim, deveria ser possível identificar a mesma configuração conceitual na concepção de ética de Wittgenstein na *CE*. Ou seja, ao mesmo tempo, uma proximidade e um distanciamento com relação à sua concepção de ética do *TLP*. De acordo com Rush Rhees, a mobilização da distinção entre tipos de juízos é também uma evidência disso. Para ele, embora Wittgenstein ainda se refira à ética em termos de valores absolutos nesse texto, com certeza não teria traçado tal distinção, tivesse ele permanecido no panorama conceitual de ética do *TLP* [404]. Esse movimento, por sua vez, seria o prelúdio da forma inteiramente nova de caracterizar a ética a partir de uma perspectiva contextual.

---

[401] RHEES, 1965, p. 25.
[402] WITTGENSTEIN, 2005, p. 216.
[403] RHEES, 1965, p. 25.
[404] RHEES, 1990, p. 186.

Julgo que Rush Rhees e os autores da leitura convencional estão corretos em apontar que a distinção entre juízos de valor relativo e juízos de valor absoluto representa um passo em direção à filosofia madura de Wittgenstein e, consequentemente, afastamento da sua concepção de linguagem no *TLP*. Afinal, a *CE* está cronologicamente afastada do *TLP* por cerca de 9 anos, um período que certamente, como afirma Janyne Sattler, não é irrelevante; na verdade, muito dessa última obra já tinha sido colocado em questão então[405]. Apesar disso, como tentarei mostrar, essas mudanças na concepção de linguagem de Wittgenstein não implicam necessariamente uma mudança na sua concepção de ética[406], como quer a leitura convencional. Um dos argumentos principais para demonstrá-lo requer um retorno à distinção tractariana entre dizer e mostrar.

Como vimos, a função dessa distinção no *TLP* era enfatizar a necessidade de um tratamento diferenciado para juízos necessários, tais como as "proposições da lógica" e, por extensão, as expressões valorativas éticas. Isso parece ser exatamente o tipo de intenção que está por trás da distinção entre juízos relativos e absolutos na *CE*. Conforme discutido, Wittgenstein a formula para ressaltar uma diferença entre esses dois tipos diferentes de valoração. Tendo isso em mente, segundo Janyne Sattler[407], embora Wittgenstein não mencione a distinção entre dizer e mostrar na *CE*, ela ainda assim está presente no texto, uma vez que Wittgenstein mantém a intenção argumentativa para a qual ela era mobilizada. Isso mostra a continuidade entre a *CE* e o *TLP*.

Apesar disso, Wittgenstein também apresenta vários elementos de ruptura com relação a essa perspectiva. Um desses pode ser identificado nos comentários de abertura da conferência. Lá, Wittgenstein afirma que vai apresentar

---

[405] SATTLER, 2013, p. 186.

[406] Aliás, é bastante comum considerar a *CE* como um texto do primeiro período filosófico de Wittgenstein precisamente pelo fato dele reafirmar nele as consequências do panorama tractariano de linguagem sobre a ética (*Cf.* ARRINGTON, Robert L. Wittgenstein and Ethics. *In:* GLOCK, Hans-Johann; HYMAN, John (ed.). **A companion to Wittgenstein**. Hoboken: Wiley Blackwell, 2017. p. 607; DIAMOND, Cora. Ethics, imagination and the method of Wittgenstein's tractatus. *In:* CRARY, Alice; READ, Rupert (ed.). **The new Wittgenstein**. London: Routledge, 2001. p. 149-173, p. 162; KUUSELA, Oskari. Wittgenstein, Ethics and Philosophical Clarification. *In:* AGAM-SEGAL, Reshef; DAIN, Edmund (ed.). **Wittgenstein's Moral Thought**. New York: Routledge, 2018. p. 43; MONK, Ray. **Wittgenstein**: o dever do gênio. Tradução de Carlos Afonso Malferrari. São Paulo: Companhia das Letras, 1995. p. 253). Nesse sentido, a única coisa realmente relevante da *CE* seria apenas um tratamento mais exclusivo para a ética. Não subscrevo totalmente a essa leitura, porque, por outro lado, parece-nos plausível a parte da posição da leitura convencional, segundo a qual há nesse texto mudanças na sua concepção de linguagem.

[407] SATTLER, 2013, p. 190-1.

> [...] várias expressões mais ou menos sinônimas [...] e ao enumerá-las pretendo obter o mesmo tipo de efeito que Galton obteve quando colocou na mesma placa várias fotografias de diferentes rostos com o fim de obter a imagem dos traços típicos que todos eles compartilhavam[408].

A leitura convencional, porém, ainda compreende esse trecho em conexão com o panorama conceitual tractariano. Isso porque a referência de Wittgenstein a "trações típicos que todos eles compartilham" seria ainda um elemento remanescente da ideia de condições necessárias e suficientes, a qual a concepção de definição real exige.

Ora, isso parece implausível, porque a posição de Wittgenstein é justamente a de *não* oferecer uma definição do seu ponto acerca da ética. Nessa perspectiva, Janyne Sattler compreende esse trecho de outra forma. Segundo a autora, nele Wittgenstein não adota mais a posição habitual com relação à concepção de definição real. Isso porque, afirma ela, poderíamos pensar em inúmeros outros exemplos de definições sinônimas que não mudariam o sentido almejado por Wittgenstein. Esses traços típicos representariam muito mais uma silhueta do que chamamos de ética do que uma imagem estática do domínio da ética[409]. Portanto, Wittgenstein aqui parece estar muito mais interessado em uma definição aberta e vaga de ética. Tal definição estaria bastante afinada com a forma conceitual apresentada a partir da concepção de jogos de linguagem[410] e de semelhanças de família.

Com efeito, Wittgenstein nas *IF* utiliza muitas imagens e metáforas para enfatizar seus pontos, algo que também se identifica na *CE* com relação, por exemplo, à sua tentativa de explicar em que consiste o domínio do sentido. Há, porém, outros elementos particularmente significativos que contribuem mais para a plausibilidade do argumento de Sattler. Um deles é o fato de Wittgenstein utilizar essa mesmíssima imagem de uma fotografia esfumaçada na sua discussão acerca da concepção de semelhanças de família em *IF* 71. Lá ele se questiona: "Uma fotografia pouco nítida é realmente a imagem de uma pessoa? Sim, pode-se substituir com vantagem uma imagem pouco nítida por uma nítida? Não é a imagem pouco nítida justamente aquela de que, com

---

[408] WITTGENSTEIN, 2005, p. 218.

[409] Segundo a autora, aliás, era essa a real intenção de Galton ao realizar o procedimento mencionado por Wittgenstein (*Cf.* SATTLER, Janyne. Wittgenstein's Lecture on Ethics: Personal Expressions and Moral Commitment. **O que nos faz pensar**, v. 22, n. 33, p. 185-204, 2013, p. 189).

[410] SATTLER, 2013, n. 23, p. 189.

frequência, precisamos?". Uma imagem pouco nítida era justamente o que Wittgenstein buscava na CE, porque o que está em jogo no domínio do sentido não pode ser colocado em nomes simples definidos por meio de definições ostensivas e com significados precisos.

A possibilidade de incorporar casos novos, mencionada por Sattler, é outro elemento importante. Tal possibilidade é justamente um corolário da concepção de semelhanças de família, ela decorre do fato de que a unidade conceitual de conceitos de semelhanças de família é determinada por uma rede de propriedades e não por uma única e exclusiva propriedade. Tal como afirma Wittgenstein: "[...] esses fenômenos [...] estão aparentados uns com os outros de muitos modos diferentes. E por causa desse parentesco ou desses parentescos, chamamo-los (sic) todos de linguagens"[411]. E é por isso que quando percorremos todos os membros dessas e de outras famílias, tal como Wittgenstein faz em IF 66, vemos "semelhanças surgirem e desaparecerem".

Com esse último argumento acredito ter estabelecido satisfatoriamente nosso ponto com este excurso. Em suma, ele consiste em mostrar que a despeito dos identificáveis elementos de transição, que ocorrem na CE com relação à concepção de linguagem de Wittgenstein, não há uma mudança no cerne da sua concepção de ética. Portanto, não parece justificado afirmar que Wittgenstein deixa de defender que a ética diz respeito ao domínio do sentido e todas as implicações que isso carrega.

3.3 A concepção de forma(s) de vida

Torno agora para a última subseção deste capítulo. Tratarei aqui da concepção de forma(s) de vida que aparece em alguns lugares das IF e outros escritos de Wittgenstein. Apesar das raras ocorrências, essa concepção recebe uma atenção significativa por parte da literatura secundária em Wittgenstein. O principal motivo para isso é a controvérsia interpretativa envolvendo seu verdadeiro significado. Wittgenstein a utiliza no singular e no plural[412] – levando em consideração

---
[411] IF 65.
[412] Levando em conta aqui tanto as ocorrências nas *Investigações Filosóficas* (IF) em *Filosofia da Psicologia: Fragmentos* (FPF) – anteriormente conhecido como IF parte II – temos quatro ocorrências no singular: IF 19, 23, 241, FPF i, I; e uma no plural FPF II, xi.

aqui além das *IF* o *FPF*⁴¹³ – e isso levou os comentadores a um debate aparentemente irreconciliável sobre se o filósofo estaria referindo-se às várias formas de vida humana ou à forma de vida humana. Na seção seguinte, interessar-nos-á, em particular, apontar alguns limites de duas das principais interpretações acerca da concepção e compará-las com a concepção de ética de Wittgenstein.

É importante antes apenas mencionar o fato de que a concepção de forma(s) de vida é frequentemente relacionada com diversos outros conceitos cujas elucidações se beneficiam dessas relações conceituais⁴¹⁴. Evidentemente, não é o caso aqui discutir a relação entre a concepção em questão e todos esses termos. Contudo, isso influenciará a inclinação que adotarei com relação a uma ou outra interpretação. Evidentemente favoreço a leitura que parece estar mais de acordo com a concepção de ética que acredito ser defendida e mantida por Wittgenstein. Assim, tal concepção passa a ser um critério para a avaliação das interpretações.

---

[413] Em certas edições das *Investigações Filosóficas* de Wittgenstein, a referência à obra *Filosofia da Psicologia: Fragmentos* referenciada por nós por meio da abreviação *FPF* é inexistente. Isso porque se costumava editar o texto a que ela se refere – após o parágrafo 693 das *IF* – como parte II das *Investigações Filosóficas*. Esse é o caso das duas edições em língua portuguesa utilizadas por nós neste trabalho (WITTGENSTEIN, Ludwig. **Tratado lógico-filosófico & Investigações Filosóficas**. Tradução de M. S. Lourenço. 6. ed. Lisboa: Editora Fundação Calouste Gulbenkian, 2015; WITTGENSTEIN, Ludwig. **Investigações Filosóficas**. Tradução de José Carlos Bruni. São Paulo: Editora Nova Cultural, 2000). A mais recente edição inglesa das *Investigações Filosóficas* inaugura uma nova editoração substituindo o trecho que antes era conhecido por ser a segunda parte das *IF* pelos *Fragmentos* (WITTGENSTEIN, L. **Philosophical Investigations**. Tradução de G. E. M. Anscombe; P. M. S Hacker; Joachim Schulte. 4. ed. Malden, USA; Oxford: Wiley-Blackwell, 2009). Apesar disso, ela ainda mantém o título original (*Investigações Filosóficas*); tal escolha editorial é esclarecida apenas no prefácio à edição. Assim, embora o título *Filosofia da Psicologia: Fragmentos* não apareça nas referências completas ao final do trabalho, o texto que essa obra compreende está ainda assim contido nas edições das *IF* que utilizo.

[414] Por exemplo, Daniele Moyal-Sharrock e Ulrich Arnswald enfatizam a conexão entre forma(s) de vida e o conceito de certeza (*Cf.* respectivamente, MOYAL-SHARROCK, Daniele. Wittgenstein on Forms of Life, Patterns of Life, and Ways of Living. **Nordic Wittgenstein Review**, p. 21, 2015; ARNSWALD, Ulrich. Von Lebensform oder Lebensformen zu Sprachspielen: Neue Gedanken Haller/Garver-debatte. E. Leinfellner *et al.* (ed.). Personen. Ein Interdisziplinärer Dialog: 25. Internationalen Wittgenstein Symposiums. *In:* **Anais [...]** Kirchberg am Wechsel: Austrian Ludwig Wittgenstein Society, 2002).

Como veremos, isso resultará em um favorecimento da leitura no singular, a qual, embora não seja livre de críticas, parece adequar-se melhor à concepção de ética de Wittgenstein. A leitura convencional, por sua vez, parece aderir irrestritamente à interpretação antropológica da concepção de forma(s) de vida, a qual será naturalmente mais alvejada. Mas isso significa também que algumas das críticas discutidas em seguida acabam valendo para ambas as leituras. Por esse motivo, decidi apresentá-las juntas. Passo agora a elas. Em seguida, farei uma exposição da leitura no singular, mostrando como ela se adequa melhor aos nossos juízos.

3.3.1 A interpretação antropológica e a leitura convencional

Como dito, o amplo debate em torno da concepção de forma(s) de vida se dá principalmente em torno do seu significado controverso[415]. Contribuem para a dificuldade presente nesta discussão a ausência de uma definição mais ou menos direta, além de o próprio uso feito por Wittgenstein não ser muito consistente, nem claro. Segundo Glock, isso contribuiu para o surgimento de "um sem-número de interpretações

---

[415] Apesar disso, há um grande leque de discordâncias com relação a essa concepção. Além das questões de significado, há também desacordos ainda mais basilares, por exemplo, quanto a sua importância para o pensamento de Wittgenstein. Em um dos primeiros comentários em torno dessa concepção Norman Malcolm não mede palavras para exaltar a sua importância para a compreensão da filosofia de Wittgenstein como um todo. Peter Hacker, por outro lado, apesar de favorecer uma interpretação antropológica do seu significado, afirma que ela não representa um papel muito relevante para o pensamento de Wittgenstein (HACKER, Peter. M. S. Forms of Life. **Nordic Wittgenstein Review**, v. Special Issue, [s. l.], p. 1-20, 2015, p. 18). Não à toa, no seu monumental comentário sobre as *IF*, o tratamento dado à concepção é quase inexistente se o comparamos com o tratamento que o autor confere às concepções de jogos de linguagem e semelhanças de família (*Cf.* BAKER, Gordon P.; HACKER, Peter M. S. **Wittgenstein:** understanding and meaning. Part I. Chichester: Wiley-Blackwell, 2005). Além disso, Stefan Majetschalk problematiza a própria existência do termo "forma(s) de vida" como um conceito. Segundo ele, variações do texto de Wittgenstein mostram que o filósofo estava ainda incerto com a terminologia. Para o autor, aliás, mais tarde Wittgenstein substitui a expressão "forma(s) de vida" (*Lebensform*) por *Lebensmuster* sem qualquer perda conceitual (*Cf.* MAJETSCHAK, Stefan. Lebensformen und Lebensmuster: Zur Deutung eines sogenannten Grundbegriffs der Spätphilosophie Ludwig Wittgensteins. V. Munz, K. Puhl, J. Wang, Eds. Essays on the philosophy of Wittgenstein. *In:* **Anais** [...] Kirchberg: Austrian Ludwig Wittgenstein Society, 2010).

equivocadas"[416] [417]. Aqui, porém, focarei apenas duas interpretações: a interpretação antropológica e a interpretação no singular[418].

A despeito da controvérsia envolvida, há alguns pontos de acordo na literatura em torno dessa concepção. Por exemplo, sobre o fato de ela desempenhar no pensamento de Wittgenstein o papel de relacionar o uso da linguagem com outras práticas cotidianas governadas por regras, por exemplo, a de jogar um jogo. Os autores também concordam que ela representa a última condição na cadeia de condições que possibilitam o uso da linguagem. As duas primeiras ocorrências do termo surgem em *IF* 19 e 23; segundo Hacker[419], o que está em jogo nesse contexto é ainda uma resposta à concepção agostiniana de linguagem. Para isso, segundo ele, Wittgenstein problematiza quatro pontos dessa concepção: a ideia de que a linguagem possui uma essência, um conceito essencial de proposição enquanto complexo, a ideia de que a essência da proposição é descrever e, por fim, a ideia de que toda sentença (proposição) possui um valor de verdade[420]. Tais ocorrências da concepção de forma(s) de vida devem, portanto, ser compreendidas nesse contexto.

---

[416] GLOCK, 1998, p. 174.

[417] Araceli Velloso, por exemplo, faz um mapeamento de 4 interpretações dessa concepção: "[...] 1ª – formas de vida como 'jogos de linguagem' (plural); 2ª – formas de vida como 'manifestações orgânicas' (plural); 3ª – formas de vida diferentes como 'culturas diferentes' (plural); 4ª – uma única forma de 'vida humana' (singular)" (VELLOSO, Araceli. Forma De Vida Ou Formas De Vida? **Philósophos - Revista de Filosofia**, v. 8, n. 2, Goiânia, p. 159-184, 2003, p. 161). Aqui, porém, não nos parece estritamente necessário fazer essa distinção. Em primeiro lugar, porque, segundo julgo, a primeira leitura – formas de vida como jogos de linguagem – é apenas um dos argumentos da terceira. A segunda leitura identificada pela autora é proposta por Hunter (*Cf.* HUNTER, J. F. M. Forms of life in Wittgenstein's Philosophical investigations. *In*: KLEMKE, E. D. (ed.). **Essays on Wittgenstein**. Chicago: University of Illinois Press, 1971). Contudo, em segundo lugar, essa interpretação é coadjuvante no debate entre as leituras antropológica e no singular. Além disso, ela não é mencionada pela leitura convencional acerca da ética. Visto que, em última análise, esta é, para nós, a discussão principal e o debate com a leitura convencional, decidi não abordar tal interpretação.

[418] Para se referir à primeira podemos identificar também os rótulos de interpretação etnológica, cultural, naturalista – em sentido antropológico – etc. Como ficará claro, todas essas enfatizam o aspecto cultural do termo forma(s) de vida. Por outro lado, para se referir à segunda, os autores também falam em "interpretação transcendental". Inevitavelmente, porém, esse termo é associado a um kantismo – aliás esse é um dos objetivos de Newton Garver, defensor dessa leitura. Gostaria, porém, de evitar isso, por isso opto por nos lhe referir sob o rótulo de "interpretação no singular". O motivo disso é que essa associação com o kantismo pode fortalecer uma das críticas levantadas contra essa interpretação, qual seja, a de que ela implica em um determinismo gramatical. Isso ficará mais claro na próxima subseção, em que tratarei dessa interpretação em detalhes.

[419] HACKER, P. M. S. Forms of Life. **Nordic Wittgenstein Review**, [s. l.], v. Special Issue, p. 1-20, 2015, p. 5.

[420] *Ibid.*, p. 6-7.

Como visto, na primeira seção deste capítulo, a ruptura conceitual com tal concepção de linguagem é exercida pela concepção de jogos de linguagem, cujo papel é, dentre outros, fornecer um objeto de comparação frutífero para compreender o funcionamento da linguagem e, assim, realizar a tarefa terapêutica de dissolução do problema filosófico que a analogia do cálculo causara. Com isso, Wittgenstein visa a romper com a orientação formalista do *TLP* de que o funcionamento da linguagem é determinado por regras puramente sintáticas e absolutas. Ao invés disso, Wittgenstein agora enfatiza que falar uma linguagem é uma prática: "O termo 'jogo de linguagem' deve aqui salientar que o falar da linguagem é uma parte de uma atividade ou de uma forma de vida"[421]. Isto é, a linguagem é concebida agora como uma prática *pari pasu* a outras atividades não linguísticas regulares, por exemplo, jogar um jogo.

Com efeito, podemos inferir do comportamento dos jogadores regras de maneira mais ou menos precisa. Isso, porém, não significa que toda vez que um jogador faz um movimento ele mentaliza uma regra ou a segue de maneira precisa. Para Wittgenstein, esta pode inclusive permanecer muitas vezes obscura para o próprio jogador[422]. Por exemplo, não há qualquer determinação em um jogo de xadrez de que o jogador deva mover a peça com a mão direita ou esquerda ou se deve fazê-lo rápido ou devagar. Em quaisquer das duas situações, os jogadores não executam os mesmíssimos movimentos, em todo o caso, a conduta aponta para uma regularidade mais ou menos distinguível[423]. Isto é, ambas possuem uma regularidade, porém esta não é assegurada por regras precisas formuladas *ex ante*, Wittgenstein agora sustenta que as regras são como "sinais postados a meio caminho"[424].

Nesse contexto, pode-se ainda perguntar em que estaria esta regularidade assentada, isto é: como ela pode simplesmente existir nas nossas práticas? Nesse ponto também há um consenso de que o papel que a concepção de forma(s) de vida possui aqui é análogo ao que a noção de forma lógica desempenhava no *TLP*, a saber, a de conferir uma espécie

---

[421] *IF* 23.
[422] *IF* 82
[423] *IF* 68
[424] *IF* 85

de condição última[425] para a linguagem[426]. Ou melhor, a última condição determinante para responder à pergunta sobre o funcionamento da linguagem, uma espécie de ponto de parada para questionamentos e dúvidas céticas[427]. A concepção de forma(s) de vida, portanto, cumpre a função de assegurar que a regularidade da linguagem existe em algo de comum que os falantes tacitamente compartilham. É exatamente nesse ponto que surgem as divergências interpretativas[428]. As interpretações buscam elucidar que tipo de condição para a linguagem representa a concepção de forma(s) de vida é, isto é, qual a natureza da(s) forma(s) de vida que Wittgenstein menciona.

Segundo Hans-Johann Glock e Rudolf Haller – os principais defensores da leitura antropológica –, uma vez que o objetivo dessa concepção é relacionar a linguagem com a amálgama de todas as outras atividades que praticamos – está claro que Wittgenstein lhe confere um sentido cultural[429]. Afinal, é só no contexto de diferentes perspectivas culturais que inúmeros tipos de práticas podem florescer e seus significados podem ser apreendidos. Uma prova disso para os autores seria o fato de que é apenas no contexto de diferentes formas de vida que as formas de representação (isto é, os sistemas conceituais) adquirem sentido[430].

Segundo Haller[431], isso fica claro ao lembrarmos que uma das principais ferramentas argumentativas de Wittgenstein consiste precisamente em imaginar como seria nossa percepção dos objetos, caso nossos conceitos fossem diferentes. Por exemplo, imaginar uma tribo que possua um conceito

---

[425] Em concordância com a sugestão de Daniele Moyal-Sharrock, decidi doravante evitar termos como "fundamento ou justificação última", por causa do eventual peso metafísico que esses termos podem carregar (MOYAL-SHARROCK, Daniele. Wittgenstein on Forms of Life, Patterns of Life, and Ways of Living. **Nordic Wittgenstein Review**, p. 21, 2015, p. 38).

[426] FLOYD, J. Wittgenstein sobre la ética: trabajando con Lebensformen. **Disputatio. Philosophical Research Bulletin**, Madrid, v. 10, n. 18, p. 109-131, 2021, p. 115; GLOCK, 1998, p. 174; HALLER, R. **Wittgenstein e a filosofia austríaca:** questões. Tradução de Norberto de Abreu e Silva Neto. São Paulo: Edusp, 1990. p. 135; HUTTO, 2003, p. 108.

[427] CAVELL, S. **Esta América Nova, Ainda Inabordável:** palestras a partir de Wittgenstein e Emerson. Tradução: Heloísa Toller Gomes. São Paulo: Editora 34, 1997, p. 46; DALL'AGNOL, D. Natural ou transcendental: sobre o conceito Lebensform em Wittgenstein e suas implicações para a ética. **Revista de Filosofia Aurora**, Curitiba, v. 21, n. 29, p. 277-295, 2009, p. 288.; MOYAL-SHARROCK, D. Wittgenstein on Forms of Life, Patterns of Life, and Ways of Living. **Nordic Wittgenstein Review**, [s. l.], p. 21-42, 2015, p. 23-4.

[428] GLOCK, 1998, p. 174.

[429] *Ibid.*, p. 173-4, HALLER, 1990, p. 135.

[430] GLOCK, 1998, p. 175.

[431] HALLER, 1990, p. 136.

de dor ou de cor diferente do nosso[432]. À primeira vista, novos conceitos causam estranhamento, porque pode parecer, por exemplo, que eles designam coisas diferentes dos nossos, que estão incompletos ou que são inimagináveis a partir dos conceitos de que atualmente dispomos. Para Wittgenstein, porém, esse é um esforço para mostrar como as nossas concepções de dor e cores, por exemplo, estão "[...] profundamente enraizada[s] nas nossas formas de expressão"[433], isto é, nas formas de representação que possuímos para um determinado objeto, o qual, por sua vez, é culturalmente herdado.

Segundo esses autores, é exatamente isso que Wittgenstein quer dizer quando na primeira ocorrência da concepção de formas de vida ele identifica imaginar um jogo de linguagem com imaginar uma forma de vida[434] [435]. Isso, segundo eles, demonstra que para compreender um lance em um jogo de linguagem ou o significado de um conceito dentro de uma forma de representação é necessário estar a par do contexto de práticas no qual ele está emaranhado, ou seja, em última análise, da sua própria cultura como um todo[436]. Os autores fornecem algumas passagens de apoio para o seu argumento. Para Glock, isso ficaria claro em uma passagem de *O Livro Marrom* em que Wittgenstein identifica explicitamente imaginar um uso de linguagem com imaginar uma cultura[437]. Segundo Haller[438] [439], as palestras de Wittgenstein sobre estética parecem reforçar esse argumento; lá ele afirma que:

> As palavras a que nós chamamos de expressões de juízos estéticos representam um papel bastante complicado, porém, bastante definido, no que nós chamamos de uma

---

[432] *Cf.*, *e.g.*, WITTGENSTEIN, Ludwig. **Fichas (Zettel)**. Tradução de Ana Berhan Da Costa. Lisboa: Edições 70, 1989. p. 92, §380.

[433] *BB* 74.

[434] Segundo Rudolf Haller, isso é evidenciado também em *Remarks on the Philosophy of Psichology* (§619-28), em que Wittgenstein coloca o significado da concepção de formas de vida "[...] em íntima conexão com formas de atividade que são também, em outras passagens, designadas como jogos de linguagem" (HALLER, Rudolf. **Wittgenstein e a filosofia austríaca: questões**. Tradução de Norberto de Abreu e Silva Neto. São Paulo: Edusp, 1990. p. 136).

[435] *IF* 19.

[436] HALLER, 1990, p. 139.

[437] "Imagine a use of language (a culture) [...]" (WITTGENSTEIN, Ludwig. **The Blue and Brown Books**. Oxford: Blackwell, 1960, p. 134).

[438] HALLER, 1990, p. 134-5.

[439] Rudolf Haller não fornece as páginas e parágrafos específicos dessa referência, mas é de se supor que ele esteja se referindo aos parágrafos 25-6.

cultura de um período[...] [novo parágrafo] O que pertence a um jogo de linguagem é toda uma cultura[440].

Para Hans-Johann Glock[441], isso mostra que a sugestão de que haveria apenas uma forma de vida para os seres humanos é equivocada. Essa posição entraria em conflito com a de Wittgenstein, segundo a qual a compreensão de uma forma de representação funciona apenas no contexto de uma forma de vida. O autor sugere que Wittgenstein faz uma espécie de exercício de argumentação contrafactual para defender isso. Segundo Wittgenstein, "[...] uma educação totalmente diferente da nossa poderia também ser a base para conceitos inteiramente diversos"[442]. Isso porque, afinal, o pano de fundo da linguagem, a saber, "[...] a vida [ou a forma de vida] decorreria aqui de forma diferente"[443].

Segundo Araceli Velloso[444], a identificação entre jogos de linguagem e forma(s) de vida possui uma grande vantagem explicativa. Afinal, pode-se tentar explicar o significado desta a partir do significado daquela, sobre a qual há consideravelmente menos disputas e que ocorre mais frequentemente na obra. Aliás, essa estratégia de tentar elucidar a concepção de formas de vida a partir de outros conceitos da obra de Wittgenstein é algo recorrente em ambas as leituras. O conceito de história natural é mobilizado aqui para esse fim. Segundo eles, o termo adquire um significado antropológico ou cultural para Wittgenstein. O seu interesse na história natural é o interesse em um animal cultural e na história da sua formação de convenções, isto é, na amálgama de atividades que surgem do fato de o ser-humano estar inserido em um contexto social[445]. Por fim, essa afirmação está também em conexão com a tentativa de traçar algumas conclusões metodológicas em Wittgenstein. Para Haller, por exemplo, a atribuição de um significado antropológico à concepção de formas de vida

---

[440] WITTGENSTEIN, L. **Lectures and Conversations on Aesthetics, Psychology and Religious Belief.** Berkeley and Los Angeles: University of California Press, 1967. p. 8, §25-6. Original: "The words we call expressions of aesthetic judgement play a very complicated role, but a very definite role, in what we call a culture of a period [...] [novo parágrafo] What belongs to a language game is a whole culture [...]".

[441] GLOCK, 1998, p. 175.

[442] Z 387.

[443] Z 388.

[444] VELLOSO, A. Forma De Vida Ou Formas De Vida? **Philósophos - Revista de Filosofia**, [s. l.], v. 8, n. 2, p. 159-184, 2003, p. 161.

[445] ARNSWALD, U. Von Lebensform oder Lebensformen zu Sprachspielen: Neue Gedanken Haller/Garver--debatte. *In:* KIRCHBERG am Wechsel; KANZIAN, C.; QUITTERER, J.; RUNGGALDIER, E. (org.). **Personen. Ein Interdisziplinërer Dialog:** 25. Internationalen Wittgenstein Symposiums. Kirchberg am Wechsel: Austrian Ludwig Wittgenstein Society, 2002. p. 21; GLOCK, 1998, p. 175; HACKER, 2015, p. 18.

visa também evidenciar um aspecto empírico na orientação metodológica de Wittgenstein, o qual é muitas vezes negligenciado[446].

Como dizia, os autores da leitura convencional sobre a concepção de ética de Wittgenstein também aderem à leitura antropológica. Como afirma, Jeremy Walker, por exemplo, o que é significativo para o pensamento maduro de Wittgenstein é a compreensão do significado em conexão com outras práticas desenvolvidas pelos falantes[447]. Vimos também que, para levar a cabo essa concepção, Wittgenstein emprega o método de imaginar diferentes formas de representação em conexão com diferentes culturas. A explicação de como essas culturas determinariam a forma de expressão é, de acordo com a leitura antropológica, precisamente a função da concepção de forma(s) de vida. Segundo Rush Rhees, Wittgenstein caracterizaria agora esse método filosófico chamando-o de "o método antropológico"[448]. Nele, segundo Jeremy Walker, caberia ao filósofo simplesmente "[...] descrever o papel dos proferimentos estéticos, éticos e religiosos[...]"[449].

Hans-Johann Glock[450], por exemplo, sugere que esse método se torna uma das principais razões para defender a ocorrência de mudanças na concepção de ética de Wittgenstein. Isso porque, com ele, Wittgenstein indicaria o seu foco de interesse, o qual, novamente segundo Glock deixa de ser "[...] em atitudes místicas de um eu solipsista, mas antes em padrões sociais de ação". Com isso também, alguns autores da leitura convencional parecem entender que Wittgenstein estaria sugerindo como explicar e compreender tais atitudes, a saber, nos seus respectivos contextos culturais. Afinal, os padrões sociais de ação não poderiam ser encontradas em outro lugar. Sendo assim, para descrever as atitudes éticas, assim como os juízos que as acompanham, seria necessário "[...] descrever todo o ambiente [cultural]"[451] ou "[...] saber algo da cultura[...]"[452] nos quais elas ocorrem.

---

[446] HALLER, 1990, p. 139.
[447] WALKER, 1968, p. 226.
[448] RHEES, 1965, p. 25.
[449] WALKER, 1968, p. 228.
[450] GLOCK, 1998, p. 144.
[451] WALKER, 1968, p. 225.
[452] RHEES, 1965, p. 21.

Isso equivale a afirmar que Wittgenstein passa a considerar tais juízos e atitudes éticas como partes de sistemas éticos de representação[453]. Sendo assim, a introdução do termo "cultura" leva os autores a imaginar uma relação de determinação causal do significado dos termos éticos a partir das culturas em que eles são proferidos, o que resulta na atribuição uma espécie de holismo[454] a Wittgenstein.

Vejamos agora os problemas que a interpretação antropológica apresenta. Como dito na introdução a esta parte e demonstrado nos parágrafos anteriores, a leitura convencional sobre o desenvolvimento da concepção de ética de Wittgenstein abordada neste trabalho adere a essa interpretação. Por esse motivo, algumas das críticas mais difíceis que lhes são direcionadas servem também como críticas à leitura convencional. Tais críticas, portanto, serão o cerne do nosso contra-argumento às duas propostas ao mesmo tempo.

Em primeiro lugar, vale notar que os defensores da leitura antropológica frequentemente recorrem a outros textos de Wittgenstein para tentar elucidar o significado da concepção de forma(s) de vida. Evidentemente isso é um procedimento exegético justificado, além do mais, não posso objetar a essa prática diretamente, afinal, aqui também considero a obra de Wittgenstein a partir de uma perspectiva de continuidade. Isso significa que aceito que Wittgenstein mantenha posições alinhadas em diferentes textos. Contudo, é necessário verificar se a intenção do autor em todas essas passagens é a mesma[455]. No presente contexto, essa pergunta surge porque em algumas passagens citadas pelos defensores da leitura antropológica para enfatizar o aspecto cultural da concepção de forma(s) de vida esse termo sequer aparece[456]. Nelas Wittgenstein de fato aponta para uma relação entre cultura e jogos de linguagem, contudo,

---

[453] GLOCK, 1998, p. 145; RHEES, 1965, p. 24.

[454] Como vimos, no primeiro capítulo, o holismo se refere à posição para a qual a compreensão de uma sentença depende da compreensão de (todas as) outras relações conceituais com outras sentenças em um dado sistema.

[455] Segundo Stefan Majetschak, esse é realmente o caso em algumas passagens entre os manuscritos de Wittgenstein e a assim chamada parte II das *IF*, mais conhecida como *Filosofia da Psicologia: Fragmentos*. Nesses lugares, argumenta ele, Wittgenstein permuta os termos formas de vida (*Lebensformen*) e padrões de vida (*Lebensmuster*) sem alterar o sentido da expressão (MAJETSCHAK, Stefan. **Lebensformen und Lebensmuster:** Zur Deutung eines sogenannten Grundbegriffs der Spätphilosophie Ludwig Wittgensteins. V. Munz, K. Puhl, J. Wang, Eds. Essays on the philosophy of Wittgenstein. Kirchberg: Austrian Ludwig Wittgenstein Society, 2010, p. 279).

[456] Refiro-me aqui às passagens citadas um parágrafo antes: *Lectures and Conversations on Aesthetics, Psychology and Religious Belief* §§25-6, *BB* 134 e *Z* 387.

isso não é suficiente para justificar a identificação entre forma(s) de vida e a ideia de cultura.

A interpretação antropológica parece sustentar o contrário, porque um dos seus principais argumentos é a identificação entre a concepção de forma(s) de vida e a de jogos de linguagem. Se levado a cabo com sucesso esse argumento poderia atestar fortemente em favor da leitura antropológica, pois a pluralidade dos jogos de linguagem é inegável; consequentemente também seria a das formas de vida. A principal evidência para esse argumento são os parágrafos *IF* 19 e 23 em que as duas concepções estão claramente relacionadas, como visto anteriormente. Segundo Newton Garver[457], porém, esse argumento apresenta um problema ao querer identificar tão nitidamente jogos de linguagem e formas de vida. É possível, por exemplo, aceitar que tanto aquilo a que chamamos jogos de linguagem quanto o que chamamos formas de vida apresentem limites fluidos. Porém, isso não parece ser suficiente para sustentar uma espécie de relação de superveniência entre as duas coisas. Isto é, para afirmar que toda e qualquer mudança nos jogos de linguagem desencadeia necessariamente mudanças nas formas de vida. Como Wittgenstein afirma, por exemplo, jogos de linguagem aparecem e desaparecem com naturalidade[458]. Não há, porém, justificativa para deduzir daí que tal desaparecimento representa também o desaparecimento de uma forma de vida.

Mais importante, porém, é comentar sobre o termo "cultura" que, segundo a tese da leitura antropológica – e, nesse caso, também da leitura convencional – deve ser tomado como o significado do termo forma(s) de vida. A introdução desse termo parece estar alinhada com o argumento anterior, afinal, esse movimento parece outra tentativa de colocar em relações simples e nítidas termos que Wittgenstein apresenta de maneira complexa e entrelaçada. A identificação entre as duas coisas aparece nesta discussão como uma alternativa facilitadora para a elucidação de um termo de outro modo obscuro. Entretanto, isso parece ser problemático em dois sentidos. É problemático, em primeiro lugar, ao introduzir um conceito sem uma definição apropriada e também o é, em segundo lugar, porque Wittgenstein parece rejeitar qualquer posição holista, na medida em que essa é uma posição explicativa com relação à forma que o significado é produzido.

---

[457] GARVER, N. Die lebensform in wittgensteins philosophischen untersuchungen. **Grazer Philosophische Studien**, Leiden, The Netherlands, v. 21, n. 1, p. 33-54, 1984, p. 36.

[458] *IF* 23.

Nesse primeiro sentido, a atratividade do apelo à noção de "cultura" parece vir justamente do fato de os defensores de ambas as leituras em questão a tomarem como uma noção intuitiva e não problemática. Contudo, uma definição do termo nunca é propriamente apresentada[459]. Isso, por sua vez, é problemático, porque com esse termo surge uma variedade de outras questões que essas leituras deixam sem resposta. Por exemplo, a questão da relação de pertencimento de indivíduos a culturas. Isso cria a necessidade de responder uma variedade de perguntas. Segundo Rhees, por exemplo, as diferenças culturais no uso de conceitos éticos são também responsáveis por marcarem diferenças entre jogos de linguagem[460]. A partir dessa afirmação seria lícito concluir que uma pessoa que não se identifique totalmente com a sua cultura jogaria outros jogos de linguagem éticos? Isso quereria dizer que ela não pertence mais à sua forma de vida ou cultura originária? Qual seria a relação de desacordo que uma tal pessoa sustentaria com relação aos outros indivíduos pertencentes à mesma cultura? Eles simplesmente desacordariam quanto ao significado dos conceitos éticos ou eles não seriam capazes de se compreender entre si? Inúmeras perguntas do tipo poderiam ainda ser colocadas.

Com efeito, poder-se-ia argumentar que tais perguntas seriam irrelevantes do ponto de vista filosófico que Wittgenstein adota[461]. Contudo, tais questões permanecem um problema para a interpretação antropológica e para a leitura convencional, por causa da perspectiva holista, à qual a concepção de formas de vida é submetida. Para ambas as leituras, o ponto de tal concepção é explicar como o significado é produzido a partir de um pano de fundo cultural. Nesse sentido, as questões acima têm pertinência, pois, em última análise, são esclarecimentos sobre como essa relação entre cultura e linguagem se dá efetivamente.

Outra questão que pode ser levantada contra essa leitura diz respeito à caracterização da relação entre cultura e significado a partir da

---

[459] Walker afirma que ao mencionar o termo "cultura" ele está tomando-o em "sentido antropológico amplo" (*Cf.* WALKER, J. Wittgenstein's earlier ethics. **North American Philosophical Publications**, v. 5, n. 4, p. 219-232, 1968, p. 225). Isso, porém, não parece contribuir em nada para o esclarecimento do seu uso do termo.

[460] WALKER, 1968, p. 225.

[461] Essa é a posição que Peter Hacker adota. Para ele, tais questões diriam respeito sobretudo ao interesse científico dos antropólogos; enquanto, por outro lado, para Wittgenstein só interessaria o fato de natureza sociocultural de que a linguagem está calcada em uma maneira de viver (HACKER, Peter. M. S. Forms of Life. **Nordic Wittgenstein Review**, v. Special Is, [*s. l.*], p. 1-20, 2015, p. 11-2). Hacker, porém, é uma exceção em meio aos defensores da interpretação antropológica. A despeito da adoção desta interpretação, ele reforça a distinção entre investigação filosófica e científica – conceitual e empírica, respectivamente, a qual os outros autores desejam negar.

perspectiva holista. Como veremos, uma das principais acusações feitas à leitura no singular é que ela incorre em determinismo. Acredito, porém, que a interpretação antropológica e a leitura convencional incorrem de maneira mais problemática neste problema na sua mobilização do termo "cultura". Sem uma definição propriamente dita, a aplicação do conceito de "cultura" revela uma compreensão do termo como algo fixo e que, a partir dessa fixidez, determina o funcionamento da linguagem e o espectro possível de jogos de linguagem de maneira simples e direta. Como visto, essa posição é explicitamente adotada pelos autores da leitura convencional, ao sugerir que a explicação dos conceitos éticos e juízos éticos deve pressupor uma explicação de certos aspectos da cultura de dentro da qual eles são utilizados.

Isso, por sua vez, parece estar simplesmente em contradição com o espírito filosófico de Wittgenstein no seu segundo momento filosófico. Segundo Juliet Floyd[462], por exemplo, o que se identifica nas *IF* é uma perspectiva menos rígida com relação a como as regras de uso determinam o significado e a eventuais mudanças nessas regras. Diferentemente do que, por exemplo, é a posição que Wittgenstein toma em *O Livro Azul (BB)*[463]. Segundo a autora, aliás, o contraste entre os projetos dessas duas obras pode ser evidenciado no contraste entre a noção de cultura – tomada pelas interpretações em questão – e o significado que Wittgenstein confere à concepção de forma(s) de vida. Precisamente em *BB* Wittgenstein se dera conta da insuficiência da ideia de cultura como conceito filosófico para explicar o funcionamento da linguagem[464] [465].

A autora contrasta, por exemplo, o parágrafo 19 de *IF* com a citação de *BB* mobilizada pelos autores da interpretação antropológica, em que Wittgenstein parece sugerir que imaginar certos conceitos pressupõe

---

[462] FLOYD, 2021, p. 112.

[463] A partir desse argumento, o recurso a outros textos e, em especial, a *BB* 134 para explicar a concepção de forma(s) de vida se torna claramente problemático.

[464] Ray Monk menciona uma carta de Wittgenstein a Moore informando-lhe por que teria desistido do projeto de revisar o *Livro Marrom*: "O fato de ter a versão em inglês diante de mim tolheu-me o raciocínio. Portanto, decidi recomeçar tudo de novo e não permitir que meus pensamentos fossem guiados por algo que não eles mesmos [...] estou agora escrevendo uma nova versão e espero não estar errado em afirmar que é de algum modo melhor que a anterior". Segundo Monk, essa nova versão corresponderia a uma parte considerável do que futuramente seria as *Investigações Filosóficas* (MONK, Ray. **Wittgenstein:** o dever do gênio. Tradução de Carlos Afonso Malferrari. São Paulo: Companhia das Letras, 1995, p. 327).

[465] FLOYD, 2021, p. 118.

imaginar algum pano de fundo cultural[466]. De acordo com a autora, em *IF* Wittgenstein não adota mais uma posição sugerindo essa afirmação, porque ele não objetiva descrever como esse processo de determinação do significado pelos aspectos culturais da vida se daria. Segundo ela, ele adota uma posição filosófica de cunho gramatical[467].

Os comentários acima sobre a suposta função do termo "cultura" na elucidação do significado das palavras nos levam a retornar a alguns comentários metodológicos problemáticos com os quais a interpretação antropológica e a leitura convencional concordam. Como visto, para Haller, a defesa de uma interpretação antropológica da concepção de forma(s) de vida está conectada à atribuição de uma tendência empírica à posição metodológica de Wittgenstein. A leitura convencional também enfatiza esse ponto. Para Rhees também, a ideia de um procedimento de imaginar uma gramática possível de uma tribo ou de um povo estrangeiro e descrevê-la representa a adoção de um método antropológico em ética[468].

A existência dessa tendência empírica ou antropológica no método de Wittgenstein, porém, é dificilmente defensável. Afinal, há inúmeras observações metodológicas em que Wittgenstein enfatiza a diferença entre o seu método e o das ciências naturais e humanas. Isso fica claro, por exemplo, a partir de *IF* 90, em que Wittgenstein afirma que "[...] nossa investigação, no entanto, dirige-se não aos fenômenos, mas, como poderíamos dizer, às 'possibilidades' dos fenômenos". Isso significa que as situações hipotéticas de Wittgenstein são experimentações com conceitos e não têm qualquer objetivo antropológico ou científico. Isto é, um objetivo de catalogar as diversas formas conceituais de diversas comunidades. Wittgenstein faz outra observação definitiva sobre esse ponto. Nela, Wittgenstein se questiona

> Será que se olharmos para as coisas de um ponto de vista etnológico, isso quer dizer que consideramos que a filosofia é etnologia? Não, apenas significa que estamos a adotar uma

---

[466] "Imagine um uso de linguagem (uma cultura) [...]" e logo em seguida ele enfatiza novamente "Poderíamos, também, imaginar facilmente uma linguagem (e de novo isso significa uma cultura) [...]" WITTGENSTEIN, Ludwig. **O livro Castanho**. Tradução de Jorge Marques. Lisboa: Edições 70, 1992, p. 76). Original: "Imagine a use of language (a culture) [...]" "We could also easily imagine a language (and that means again a culture [...]" (WITTGENSTEIN, Ludwig. **The Blue and Brown Books**. Oxford: Blackwell, 1960, p. 134).

[467] O significado dessa posição para este debate tornar-se-á mais claro a partir dos comentários metodológicos a seguir e de alguns comentários na seção seguinte.

[468] RHEES, 1965, p. 25.

posição totalmente exterior, de modo a sermos capazes de ver as coisas com maior clareza[469].

Essa citação parece atestar justamente o contrário do ponto que Haller e Rhees gostariam de enfatizar. Ela mostra que a finalidade dos experimentos conceituais de Wittgenstein é gramatical[470]. Ele estica e tensiona ao limite as possibilidades dos nossos horizontes conceituais atuais para mostrar que nenhuma alternativa conceitual está enraizada em necessidades naturais de como as coisas são. Para mostrar isso, outros usos possíveis desses conceitos são imaginados como objetos de comparação que, "[...] através de semelhanças e dissemelhanças, devem lançar luz sobre as relações de nossa linguagem"[471]. O objetivo final desse método é evitar a reificação tipicamente filosófica de certos conceitos.

No nosso caso, isso mostra que a leitura convencional parece oferecer uma caracterização inadequada do método de Wittgenstein. Isso pode ser percebido na discussão sugerida por Rhees em conversa com Wittgenstein sobre "[...] um homem que chegara à conclusão de que ele deve ou deixar sua esposa ou abandonar o seu trabalho de pesquisa sobre o câncer"[472]. Sob a ótica gramatical, a descrição de tal situação deixa de ser uma mera descrição, mas deve ser vista como uma apresentação perspícua das gramáticas éticas envolvidas no dilema. Tal apresentação, por sua vez, só é necessária quando esse dilema se torna um problema filosófico. Ela tem a função, portanto, não de apontar para uma resposta correta, mas apresentar um olhar mais amplo sobre as possibilidades envolvidas na situação, de modo a evitar problemas filosóficos e conceituais que podem eventualmente surgir[473].

Por fim, é necessário mencionar também o problema do solo comum, o qual é frequentemente mencionado na literatura sobre a concepção de forma(s) de vida. Nas palavras de Aracelli Velloso, esse problema diz respeito a "[...] como reconhecer uma outra forma de vida como diferente, mesmo sendo incapazes de compreender o outro falante"[474].

---

[469] WITTGENSTEIN, L. **Cultura e Valor**. Tradução de Jorge Mendes. Lisboa: Edições 70, 2019. p. 79.
[470] DALL'AGNOL, 2009, p. 287.
[471] *IF* 130.
[472] RHEES, 1965, p. 22.
[473] Por exemplo – e de maneira irônica –, a situação de um suposto dilema pode tornar-se um problema ético quando a apresentamos como um dilema. Isto é, como uma situação para a qual só há duas alternativas. Em contraste, uma investigação gramatical da questão pode ajudar a mostrar que há outras possibilidades de solução do problema.
[474] VELLOSO, 2003, p. 160.

Isto é, evidentemente apresentamos diferenças – sejam elas culturais, linguísticas etc. – no entanto, o entendimento e reconhecimento mútuo depende de um suporte, um solo comum para existir. Qual seria então a natureza desse algo em comum?

Uma vez que, para a leitura antropológica, só há entendimento no contexto das formas de vida, parece que o solo comum em questão existe exclusivamente para os indivíduos que compartilham de uma mesma forma de vida. Disso parece seguir-se que não há como mediar conflitos entre formas de vida diferentes. É o que Hans-Johann Glock sugere ao afirmar que Wittgenstein se compromete com uma forma de relativismo cultural[475]. Segundo Dall'Agnol o relativismo pode ser definido da seguinte forma: "[...] a posição que sustenta que os desacordos mostram que a verdade dos julgamentos morais ou sua justificação não é absoluta, mas relativa a diferentes grupos sociais"[476]. Para Glock, o que conduz Wittgenstein a tal posição é a questão da autonomia dos jogos de linguagem – ou visões de mundo – isto é, a ideia de que "[...]cada forma de representação estabelece os seus próprios critérios de racionalidade [...]"[477].

De fato, como afirma Hugo Strandberg[478], a posição metodológica de Wittgenstein quanto à filosofia não fornece um pano de fundo estável sobre o qual as críticas podem se basear. Contudo, isso não significa que ele adote uma posição acrítica ou neutra com relação às diferentes visões de mundo. É amplamente citado contra essa acusação um trecho de uma conversa com Rush Rhees que parece claramente descompromissar Wittgenstein de uma posição relativista[479]. Além disso, o espírito de diversos escritos de Wittgenstein parece carregar uma motivação crítica e questionadora contra, por exemplo, uma visão de mundo metafísica – isto já desde o *TLP* – nas *IF* e contra a visão de mundo ocidental pautada na ideia reificada de racionalidade nos seus *Remarks on Frazer's Golden Bough*[480].

---

[475] GLOCK, 1998, p. 175-6.
[476] DALL'AGNOL, 2009, p. 290.
[477] GLOCK, 1998, p. 176. Para ele, essa posição aparece particularmente nas discussões sobre justificação de nossas práticas em *Da certeza*.
[478] STRANDBERG, H. **The Possibility of Discussion:** Relativism, Truth and Criticism of Religious Beliefs. Aldershot, Hants, England; Burlington, VT: Ashgate, 2006, p. 149-50.
[479] "'If you say there are various systems of ethics you are not saying they are all equally right. That means nothing. Just as it would have no meaning to say that each was right from his own stand-point' [...]" (RHEES, Rush. Some developments in Wittgenstein's ethics. **The Philosophical Review**, v. 74, n. 1, p. 17-26, 1965, p. 24).
[480] WITTGENSTEIN, Ludwig. **The Mythology in our Language**: Remarks on Frazer's Golden Bough. Tradução: Translated by Stephan Palmié; Tradução: Edited. Chicago: Hau Books, 2018.

Por esse motivo, muitos autores rejeitam essa atribuição de relativismo e tentam de alguma forma oferecer soluções para o problema do solo comum. A principal tentativa de resolvê-lo consiste em apostar em uma convergência cultural entre as formas de vida. Isto é, costumes compartilhados ou valorações sobre questões de grande sentido para os seres-humanos, por exemplo, vida, morte etc. Esses pontos poderiam servir de, pelo menos, uma ponte inicial para o entendimento entre duas visões de mundo distintas. Realmente essa alternativa facilitaria bastante o tratamento da questão não fosse a grande incerteza sobre a qual ela se assenta. Afinal, qual garantia podemos ter que duas culturas podem ter algo em comum, e mais, que essa convergência seja também um ponto de flexão para a possibilidade de entendimento? Além disso, essa solução parece estar em conflito com o aspecto que esta própria leitura deseja ressaltar na obra de Wittgenstein, a saber, as diferenças nas nossas convenções. Como pode ser este o ponto mais importante da concepção de forma(s) de vida se ele, no entanto, leva a um impasse na resolução desses conflitos?

Segundo Ulrich Arnswald[481], porém, essa crítica parece exagerar o problema identificado na resposta do solo comum baseado em convergências culturais. Segundo ele, essa possibilidade não é tão contingente quanto parece, afinal, todas essas visões de mundo são "visões de mundo". Ou seja, todos os seres-humanos são capazes de nutrir uma visão de mundo e isso já deve contar como uma chance para haver entendimento mútuo. Com isso, o autor parece estar sugerindo, juntamente a Glock, que "Diferentes formas de representação [ou visões de mundo ou jogos de linguagem] são inteligíveis desde que haja um treinamento diferente [...]"[482].

Porém, ao invés de resolver o problema, essa afirmação parece introduzir uma contradição na leitura antropológica: ela parece pressupor justamente o que deseja negar, a saber, a existência de algo em comum entre os seres humanos. Frente a essa observação, o problema do solo comum deve ser recolocado e com maior dificuldade para esta leitura. Ao mencionar a questão do treinamento, por exemplo, tal leitura deve encarar uma questão ainda mais basilar que é a de saber como tal tipo de treinamento é possível em primeiro lugar. Se a concepção de forma(s) de vida não ressalta nada em comum entre os seres humanos, como saber se um membro ou uma membra de uma comunidade estrangeira pode

---

[481] ARNSWALD, 2002, p. 17.
[482] GLOCK, 1998, p. 175.

aprender a nossa linguagem? Isto é, como saber se a linguagem que ele ou ela fala é uma linguagem como a nossa e não uma linguagem como um canto de pássaros? Essa pergunta faz referência a *FPF* ii, XI, em que Wittgenstein afirma que "Se um leão fosse capaz de falar, nós não seríamos capazes de o compreender". A explicação que Glock fornece para essa passagem é que isso não seria possível, por causa da diferença no "repertório comportamental" e na "forma de vida"[483]. Ora, por que nesse caso não bastaria, como afirma ele anteriormente – citando Wittgenstein – haver treinamento nessa forma de vida e neste repertório comportamental? Não parece ser possível fornecer uma resposta para essa pergunta sem recorrer à ideia de algo em comum, que a leitura antropológica rejeita.

Essa e outras questões permanecem em aberto a partir da leitura antropológica e, consequentemente, para a leitura convencional. Isso parece mostrar que tal interpretação sobre a concepção de forma(s) de vida é insuficiente para explicar certas afirmações de Wittgenstein. Nesse ponto, pelo menos, a leitura no singular apresenta menos problemas. Passemos a ela agora.

3.3.2 A interpretação no singular e a concepção de ética de Wittgenstein

Segundo a leitura no singular, a concepção de forma(s) de vida está associada à capacidade humana de utilizar a linguagem. É inegável que no segundo momento filosófico de Wittgenstein há uma pluralidade de exemplos de jogos de linguagem e formas de representação, por exemplo, sistemas de medidas, conceitos de cores etc. Evidentemente, essas formas estão conectadas com diferentes práticas socioculturais, instituições, comunidades etc. A questão, porém, segundo Garver – possivelmente o seu principal proponente –, é se essas diferenças correspondem necessariamente a mudanças naquilo que, para ele, Wittgenstein chama de a forma de vida humana[484]. Segundo ele, não isso não se segue. Para o autor, a leitura antropológica chega a essa conclusão por confundir pequenas ocorrências do cotidiano com os fatos gerais da vida – que também fazem parte de uma ideia de cotidiano –, a que Wittgenstein realmente gostaria de chamar atenção[485]. A forma de vida humana então seria uma instância mais fundamental da vida humana, anterior às diferenças culturais.

---

[483] GLOCK, 1998, p. 177.
[484] GARVER, 1984, p. 41.
[485] *Ibid.*, p. 42

Estas no presente contexto são consideradas apenas modificações de uma mesma "complicada forma de vida"[486].

Das cinco ocorrências do texto nas *IF* e em *FPF*, quatro dessas estão no singular[487], isso parece representar uma vantagem textual sobre a leitura antropológica. Contudo, cabe ainda explicar o uso de Wittgenstein da concepção de forma(s) de vida no plural nas duas outras passagens. Garver desconsidera essas ocorrências, pois outras versões do texto de Wittgenstein mostram que ele ainda oscilava entre o uso do termo no plural e no singular[488]. Não obstante, segundo ele, nesses lugares ainda se poderia ver que Wittgenstein, ao mencionar a concepção, refere-se à questão dos fatos gerais supra mencionada.

De qualquer forma, para ele, mais importante que estas ocorrências é o parágrafo de *FPF* em que Wittgenstein fala do fenômeno da esperança[489]. Nessa passagem, Wittgenstein se questiona: "É só capaz de ter esperança quem é capaz de falar? Só quem domine o uso de uma linguagem? Isto é: os fenômenos da esperança são modificações desta complicada forma de vida". Segundo Garver, aqui está claro que Wittgenstein apontava para o entendimento de uma forma de vida humana baseada na capacidade de falar uma linguagem[490]. Nela Wittgenstein também compara formas de vida diferentes, mas essa diferença é feita entre, por exemplo, forma de vida canina e a humana, centrada na capacidade da linguagem. É sobre esta, portanto, que ocorrem as modificações com as quais identificamos os aspectos culturais.

Ademais, a importância que Garver confere a essa passagem advém do fato de que, segundo ele, Wittgenstein relaciona a concepção de forma(s) de vida com outro conceito bastante importante para a sua elucidação, a saber, o de história natural[491]. Para Garver, a função da concepção de forma(s) de vida é considerar a capacidade de falar uma linguagem como um fato da história natural. Isso é mencionado em *IF* 25. Nessa passagem Wittgenstein afirma que o fato de termos a capacidade de utilizar a linguagem pertence "[...] tanto à nossa história natural como andar, comer,

---

[486] *FPF*, i, I. WITTGENSTEIN, L. **Investigações Filosóficas**. Tradução de José Carlos Bruni. São Paulo: Editora Nova Cultural, 2000. p. 165.
[487] *Cf.* a primeira nota desta seção (3.3. A concepção de forma[s] de vida).
[488] GARVER, 1984, p. 45.
[489] *FPF* i, I.
[490] GARVER, 1984, p. 43.
[491] *Ibid.*, p. 45.

beber, brincar"[492]. Com isso, ele parece querer negar que essa capacidade se origine de alguma capacidade racional dos seres humanos governada por processos mentais conscientes, por exemplo, a projeção dos significados nas formas simples dos nomes. Antes, ao igualar todas essas atividades, ele parece sugerir que falar uma linguagem é parte de um comportamento, cujo fundamento antecede a racionalidade e, portanto, é tão natural e cotidiano quanto essas outras atividades.

Apesar de apresentar menos problemas que a leitura antropológica, a leitura no singular não é ausente deles. Certamente um problema dessa leitura diz respeito à seleção de passagens feita por Garver. Tal movimento é vantajoso para explicar a concepção de forma(s) de vida a partir da ideia de história natural, uma vez que na passagem que ele coloca mais peso, as duas concepções aparecem intimamente relacionadas. Isso, porém, não parece ser o suficiente para sustentar a sua tese com a força com que ela é colocada. Isto é, como uma tentativa de mostrar que a interpretação de forma(s) de vida no plural é inviável nas *IF*[493]. Isso porque o recurso à concepção de história natural também parece insuficiente para definir a disputa entre as interpretações. Afinal, essa é uma concepção também mobilizada pelos autores e autoras da leitura antropológica. Segundo essa leitura, como visto, o termo história natural revela um interesse antropológico de Wittgenstein e, portanto, a história natural representa, para o filósofo, a história da formação das variadas convenções[494]. A afirmação de Garver de que as formas de vida pertencem à história natural[495] poderia com facilidade ser incorporada na leitura antropológica. Sendo assim, ainda seria possível pensar que a concepção de forma(s) de vida possui uma ambiguidade semântica, tal como a de jogos de linguagem, e que, portanto, poderiam existir diferentes formas de vida no sentido antropológico[496].

Segundo alguns autores e autoras[497], porém, o principal problema de uma leitura no singular é o fato de ela implicar em um certo determinismo. Essa atribuição, ao que parece, é feita a partir de duas frentes: em

---

[492] *IF* 25.
[493] GARVER, 1984, p. 36.
[494] HACKER, 2015, p. 16.
[495] GARVER, 1984, p. 49.
[496] HALLER, 1990, p. 134; MOYAL-SHARROCK, 2015, p. 21.
[497] *Cf.* GLOCK, Hans-Johann. **Dicionário Wittgenstein**. Rio de Janeiro: Jorge Zahar Editor, 1998. p. 175; VELLOSO, Araceli. Forma De Vida Ou Formas De Vida? **Philósophos - Revista de Filosofia**, v. 8, n. 2, Goiânia, p. 159-184, 2003, p. 179-80.

primeiro lugar, a partir dessa ênfase na concepção de história natural e fatos da vida e, em segundo, a partir da associação a uma tendência kantista de Garver. Com relação ao primeiro ponto, segundo a crítica, a ênfase de Garver na questão dos fatos gerais da vida feriria a questão da autonomia da gramática[498]. Tal ênfase poderia sugerir, por exemplo, que a gramática de alguma forma presta contas com a realidade ou, de maneira mais forte, endossar a conclusão de que da forma de vida humana seria possível deduzir uma gramática particular[499].

Essa crítica, porém, é uma réplica feita pela leitura antropológica como forma de enfatizar de maneira excessiva o aspecto convencionalista na obra de Wittgenstein[500]. Para Wittgenstein, embora a gramática não seja suscetível à confirmação ou refutação empírica, a sua autonomia frente a certas configurações externas não é absoluta. A seguinte citação de Wittgenstein é esclarecedora desse ponto:

> [...] se as coisas se comportassem de maneira totalmente diferente do que se comportam de fato [...] então nossos jogos de linguagem normais perderiam o seu sentido. – O procedimento de colocar um pedaço de queijo sobre uma balança e fixar o preço segundo o que marca o ponteiro perderia o sentido, se acontecesse freqüentemente [sic] de tais pedaços, sem causa aparente, crescessem e diminuíssem repentinamente[501].

Isso demonstra que, embora Wittgenstein defenda a autonomia das gramáticas, há provavelmente uma via de mão dupla na maneira que estas são construídas na sua relação com certos fatos gerais da vida. Ou

---

[498] GLOCK, 1998, p. 175. Wittgenstein menciona essa questão em *IF* 27.

[499] Segundo Arnswald (ARNSWALD, Ulrich. **Von Lebensform oder Lebensformen zu Sprachspielen:** Neue Gedanken Haller/Garver-debatte. C. Kanzian, J. Quitterer, E. Runggaldier, Eds. Personen. Ein Interdisziplinärer Dialog: 25. Internationalen Wittgenstein Symposiums. *In:* **Anais [...]** Kirchberg am Wechsel: Austrian Ludwig Wittgenstein Society, 2002, p. 16), isso implicaria na identificação da concepção de forma(s) de vida com uma espécie de fenomenologia, pois significaria compreendê-la a partir de um ponto de vista individual. Como se Wittgenstein estivesse interessado em como a percepção do indivíduo do mundo e de si é moldada a partir de certos fatos gerais. Floyd argumenta de maneira mais convincente em favor da tese contrária. Segundo ela (FLOYD, Juliet. Wittgenstein sobre la ética: trabajando con Lebensformen. **Disputatio. Philosophical Research Bulletin**, v. 10, n. 18, p. 109-131, 2021, p. 113-4), uma maneira de compreender o ponto da mobilização dessa concepção por Wittgenstein é contrastando-o com o foco fenomenológico da noção de *Lebenswelt*. Segundo ela, o papel dessa noção é colocar em evidência o ambiente realmente existente ao redor do sujeito e refletir acerca de como esse ambiente determina ou influencia nossa experiência das coisas. A noção de *Lebensform*, segundo ela, pode ser usada dessa forma, mas somente quando essa descrição é mobilizada dentro de uma perspectiva gramatical, cuja finalidade é evitar problemas filosóficos.

[500] CAVELL, 1997, p. 47; FLOYD, 2021, p. 120.

[501] *IF* 142.

seja, é inegável que tais fatos também as influenciam de alguma forma. A existência, por exemplo, de alguma gramática para pesagem e medidas de objetos só é possível porque a constituição física desses objetos nos permite obter regularidade nos resultados. Se os objetos não possuíssem tal constituição, de fato, nenhuma gramática de pesos e medidas seria possível, mas antes disso, nenhuma gramática também seria útil. Esse exercício de pensamento contrafactual, aliás, nos mostra também como não há uma necessidade de tais fatos serem imutáveis. Afinal, é possível concebê-los como sendo diferentes do que são e isso naturalmente possibilita pensar em diferentes gramáticas e propósitos para os nossos jogos de linguagem.

Como veremos logo mais, a constatação de uma relação complexa entre fatos gerais e gramática é uma importante estratégia utilizada por Wittgenstein para enfatizar a sua posição filosófica. Antes de passar para o segundo ponto acima, cabe mencionar que a questão dos fatos gerais traz à tona outra questão importante para o filósofo, a saber, a da regularidade nas nossas práticas. Em *IF* 242, Wittgenstein a trata como um aspecto importante para a linguagem por meio de um paralelo com a atividade de medir. Em ambas é necessário haver concordâncias na forma de representação, mas não só isso: "Para uma compreensão por meio da linguagem é preciso não apenas um acordo sobre as definições, mas [...] um acordo sobre juízos [...] o que chamamos 'medir' é também determinado por uma certa constância dos resultados da medição". Isto é, além de haver acordos sobre o sistema de medidas ou sobre o significado das palavras, é também necessário que se faça um uso regular dessas convenções. E apenas assim podemos dizer que aquela atividade se trata de medir ou falar uma linguagem, e não da mera justaposição de coisas ou o proferimento de sons aleatórios.

Isso, por sua vez, parece jogar luz sobre a questão do treinamento. Como visto, ela é deixada sem uma resposta satisfatória pela interpretação antropológica, porque não se consegue explicar a partir dela como o treinamento é possível em primeiro lugar. A ênfase de Wittgenstein na necessidade de regularidade fornece a resposta para isso. Na linha do comentário do parágrafo anterior, o motivo disso parece ser que a interpretação antropológica trata o aprendizado tão somente como uma questão de acordo sobre definições, isto é, sobre convenções. Isso, porém, não é suficiente, é necessário também que haja regularidade no emprego das convenções.

Essa capacidade de entender e reproduzir regularidade, porém, não é aprendida com novas linguagens ou sistemas de medida. Mas antes é algo pressuposto para o aprendizado. Tal regularidade, por sua vez, parece ser algo constituinte da nossa forma de vida, a forma de vida humana. Pois, para Wittgenstein, esse fator é condicionante para o aprendizado da linguagem, como ele afirma em *IF* 207: "Se tentamos, porém, aprender sua [das pessoas de um país estrangeiro] língua, vemos que é impossível. Pois entre elas não existe nenhuma conexão regular do que é falado, dos sons, com as ações [...]". Isso significa que, segundo Darlei Dall'Agnol[502], se: "[...] não há regularidade entre palavras e ações, não podemos atribuir linguagem a tal povo [...] [portanto] não é qualquer sistema falado por um grupo de pessoas que merece ser chamado de "linguagem".

De todo modo, é necessário salientar que a constatação da questão da regularidade exigida na relação entre gramática e fatos gerais não compromete Wittgenstein com uma gramática específica de medição ou de linguagem. Retomando um ponto mencionado anteriormente, a constatação da relação entre gramática e fatos gerais é mobilizada de um modo específico por Wittgenstein. Com efeito, a mera constatação disso não é o ponto filosófico mais relevante para ele. Ela é, na verdade, algo coadjuvante em comparação ao uso que Wittgenstein faz dela. A seguinte citação, embora longa, deixa clara a questão:

> Se se pode explicar a formação de conceitos por fatos da natureza, não nos deveria interessar, em vez da gramática, aquilo que na natureza lhe serve de base? – Interessam-nos também a correspondência de conceitos com fatos muitos gerais da natureza. (Aqueles que, por causa da sua generalidade, quase sempre não nos chamam atenção.) Mas nosso interesse não se volta para essas possíveis causas da formação de conceitos; não fazemos ciência natural nem história natural [...] [novo parágrafo] Não digo: se os fatos da natureza fossem diferentes, os homens teriam outros conceitos (no sentido de uma hipótese). Mas: quem acredita que certos conceitos são simplesmente os certos [...] este poderia se representar certos fatos da natureza, muito gerais de modo diferente do que estamos habituados, e outras formações de conceitos diferentes das habituais tornar-se-ão compreensíveis para ele[503].

---

[502] DALL'AGNOL, 2009, p. 290-1.
[503] *FPF*, ii, XII, p. 205.

Essa citação é importante, porque ao rebater a crítica de determinismo em questão, reforça o nosso argumento da subseção anterior contra o uso do termo "cultura" pela interpretação antropológica. O que ela mostra é que o problema não é constatar a relação entre significado e qualquer outra coisa, por exemplo, certos fatos gerais da natureza e aspectos culturais. Wittgenstein, como visto, nunca toma a posição de negar que haja uma certa relação entre a nossa gramática e essas coisas. O problema é avançar essa relação como uma teoria sobre a formação da nossa gramática – como uma hipótese científica a ser testada. A afirmação de Wittgenstein sobre a relação entre tais aspectos e a gramática é, portanto, uma observação filosófica contra tentativas problemáticas em insistir em formular explicações a partir de uma perspectiva filosófica. No presente caso, porém, isso é um problema apenas para a interpretação antropológica e para a leitura convencional, porque ambas defendem que há uma relação causal vertical da cultura para a gramática (e isso, por acaso, não feriria a ideia de autonomia gramatical? Certamente, sim). Mas a ênfase da interpretação de Garver é apenas que alguma gramática só faz sentido para seres que entendem e reproduzem regularidade. Analogamente, como mostrarei em seguida, segundo o nosso entendimento sobre a concepção de ética de Wittgenstein, alguma gramática ética também só faz sentido para seres que compreendem a atividade de valoração.

Isso nos leva à segunda razão pela qual se acusa de determinismo a interpretação no singular. Frequentemente na literatura a discussão sobre a concepção de formas de vida também está conectada à tentativa de vincular Wittgenstein a certas tradições filosóficas. Para Garver, por exemplo, a argumentação em prol de uma concepção de forma de vida humana calcada na capacidade de falar uma linguagem vem acompanhada da contextualização da filosofia de Wittgenstein na tradição da filosofia crítica kantiana. Segundo ele, Wittgenstein apresenta um interesse kantiano ao apresentar perspicuamente algo caracteristicamente humano, a linguagem[504].

Araceli Velloso problematiza essa associação afirmando que a viabilidade da leitura de Garver depende da hipótese de que a linguagem só pode ser concebida como um todo e de que só teríamos uma única linguagem para a forma de vida humana[505]. Afinal, se Wittgenstein está

---

[504] GARVER, 1984, p. 52.
[505] VELLOSO, 2003, p. 179-80.

supostamente engajado em um projeto de orientação kantiana, a ênfase em uma única forma de vida representaria a busca por algo fixo e determinado como as categorias do entendimento de Kant. Para a autora, isso implica que quando Garver fala em linguagem, ele estaria referindo-se a uma linguagem determinada com seus conceitos e regras específicas. Essa posição, segundo as críticas, implicaria que não é possível compreender jogos de linguagem primitivos como linguagens[506], algo que Wittgenstein rejeita. Em sentido contrário, Wittgenstein se posiciona contrariamente à exigência da completude linguística e apresenta inúmeros exemplos de linguagens incompletas, por exemplo, a dos construtores e a do campo de batalha. Ademais, segundo Glock[507], a leitura no singular não apresenta algo como uma dedução transcendental para justificar a postulação da ideia de forma de vida humana como algo fixo e determinado. Isto é, ela não consegue mostrar como, para Wittgenstein, dadas as nossas práticas, negar a existência da forma de vida humana contradiria a existência mesma dessas práticas. Por esses motivos, o argumento de Garver não seria convincente.

Com efeito, embora Garver, de fato, faça essa associação entre Wittgenstein e Kant, a reconstrução apresentada por Velloso e Glock anteriormente da sua posição não parece tão adequada. Isso porque Garver simplesmente nunca enfatiza a ideia de uma linguagem em particular como característica da forma de vida, mas a capacidade da linguagem[508]. Isso significa que essa ênfase não negligencia a diversidade dos aspectos culturais que influenciam, de alguma forma, o significado das palavras. Mas apenas considera que ela corresponde a manifestações possíveis da nossa complicada forma de vida. Com relação a esse pano de fundo comum, tais manifestações são superficiais, porque não alteram a nossa capacidade de falar uma linguagem, que é, para Garver, o cerne da questão.

Ademais, a associação a Kant mencionada por ele nos parece desnecessária. Com efeito, é possível dizer que a concepção de forma(s) de vida – e a de jogos de linguagem – assume, para Wittgenstein, o papel de pré-condições da representação simbólica, afinal esses são conceitos tipo-molde (*framework concepts*). O perigo dessa afirmação, porém, é colocar a função desses conceitos em termos que lhes são estranhos e,

---

[506] *Ibid.*, p. 181.
[507] GLOCK, 1998, p. 175.
[508] GARVER, 1984, p. 45.

eventualmente, falhar em capturá-la de maneira precisa. Isso, por sua vez, pode conduzir ao pensamento de que conceber uma forma de vida humana é conceber algo fixo e determinado e, com isso, negar diferenças culturais. Segundo Stanley Cavell, porém, mesmo a partir da perspectiva kantiana, a ideia de uma reflexão sobre as condições de possibilidade da linguagem em Wittgenstein recusa necessariamente duas implicações que tornam a posição kantiana sobre o *a priori* e o transcendental por demais custosas e rígidas. Quais sejam, ideia de coisa em si e a de uma tabela de categorias do entendimento[509]. Portanto, não parece adequado acreditar que fixidez e determinabilidade são necessariamente características de uma forma de vida humana.

Esse é um dos principais aspectos levantados por Garver que possibilita a aproximação da sua interpretação da concepção de forma(s) de vida com o nosso entendimento sobre a concepção de ética de Wittgenstein. A sua ênfase na capacidade da linguagem como determinante para o que Wittgenstein considera ser a forma de vida humana é análoga à nossa ênfase na capacidade valorativa que Wittgenstein acreditar ser a fonte da ética. Como discutido no primeiro capítulo, tal ênfase não compromete Wittgenstein com uma determinada posição ética[510], mas revela um entendimento mais profundo sobre algo que é pressuposto pela formulação de qualquer posição dessa natureza, isto é, a capacidade de valoração, o reconhecimento do domínio do sentido etc.

Nesse sentido, a interpretação de Garver permite compreender também a valoração, assim como o uso da linguagem, como uma das atividades governadas por regras que, segundo Wittgenstein, compõem a forma de vida humana. Como no caso da sua ênfase na capacidade da linguagem, a ênfase em uma capacidade valorativa não compromete uma posição valorativa determinada e tampouco anula as diferenças entre as diversas posições éticas. Ela significa apenas que a adoção de alguma posição valorativa é uma condição da forma de vida humana, assim como o falar alguma linguagem. Retomando os argumentos supra em um sentido contrafactual, por exemplo, isso equivale a dizer que se os seres humanos não fossem constituídos de uma capacidade valorativa, nenhuma gramática ética seria possível, porque a prática da valoração não seria compreendida.

---

[509] CAVELL, 1997, p. 52.
[510] *Cf.* a seção 1.5. A ética do *TLP* e as notas 30 e 31.

Ademais, evidentemente, como dito no Capítulo 1, a existência de tal capacidade não pode ser identificada em separado do seu exercício. Isto é, é possível falar de uma mera capacidade valorativa, mas não parece possível reconhecê-la efetivamente estando dissociada de uma posição ética particular. Não obstante, as duas coisas não podem ser confundidas. A variedade de formas em que essas capacidades se manifestam corresponde às modificações na forma de vida[511]. No caso da ética, isso implica, para Wittgenstein, que não há um ponto imparcial em que a atividade valorativa não está sendo exercida. Como discutido no primeiro capítulo, a intenção de Wittgenstein em considerar a ética como um domínio transcendental da vida, ao lado da lógica, era exatamente enfatizar um tipo de necessidade inescapável que caracteriza a atividade valorativa. Segundo Dall'Agnol[512], uma das intenções de Wittgenstein com a concepção de forma(s) de vida era afirmar que a forma e vida humana é moralmente constituída. Se isso é assim, parece confirmar a nossa tese sobre a continuidade da concepção de ética de Wittgenstein, uma vez que tal constituição parece ser exatamente o que ele queria dizer no *TLP*. O final da sua *CE* parece também confirmar essa tese. Lá Wittgenstein afirma que a ética é uma tentativa de "[...] dizer algo sobre o sentido último da vida [...] e que isso, por sua vez, testemunha "uma tendência do espírito humano"[513].

---

[511] *FPF* i, I.
[512] DALL'AGNOL, 2009, p. 279.
[513] WITTGENSTEIN, 2005, p. 224.

CONCLUSÃO

Com os argumentos apresentados no último capítulo, esperei, enfim, ter mostrado os problemas da leitura convencional. Há, na verdade, um importante sentido de continuidade na concepção de ética de Wittgenstein que acompanha de maneira harmônica o seu desenvolvimento filosófico.

Com efeito, Wittgenstein não faz comentários muito extensos sobre a questão da ética em seus escritos filosóficos. Talvez por esse motivo, nesse contexto, o reflexo interpretativo mais natural seja simplesmente atribuir ao filósofo alguma concepção de ética projetada a partir das concepções das *IF* que discuti acima. No entanto, essa é uma conclusão apressada, pois não leva em conta a obra de Wittgenstein como unidade.

Por esse motivo, antes de formular meu argumento contra a leitura em questão foi necessário retomar o *TLP* e discutir a concepção de ética que Wittgenstein apresenta nesta obra. A partir disso, argumentei em favor da nossa posição de que as concepções de jogos de linguagem, semelhanças de família e forma(s) de vida não provocam mudança na concepção de ética de Wittgenstein. Na verdade, essas concepções, como demonstrei, não apenas recontextualizam a concepção de ética de Wittgenstein, mas também a reafirmam.

Evidentemente, o propósito principal deste livro foi argumentar contra a leitura convencional. De maneira mais ampla, porém, julgo que ele pode contribuir para apresentar um sentido de continuidade na obra de Wittgenstein que não se limita à sua concepção de linguagem ou de filosofia, mas que se estende também à de ética. De fato, a leitura da obra de Wittgenstein de uma perspectiva de ruptura perdera espaço desde, pelo menos, os novos wittgensteinianos[514]. Apesar disso pareceu-nos que algo semelhante a ela ainda faz parte da concepção de muitos autores e autoras que discutem a obra de Wittgenstein em especial no que toca à sua concepção de ética. Há um forte sentido de continuidade nas concepções de método e filosofia na sua obra, porém a da sua concepção de ética não é tão reconhecida. Ou pressupõe-se que ele adota uma concepção de ética diferente, ou tenta-se justificar a omissão da literatura secundária sobre o tema da ética a partir da omissão do próprio Wittgenstein sobre isso. Com este livro, espero contribuir para preencher essa lacuna bibliográfica sobre a concepção de ética de Wittgenstein.

---

[514] CRARY, Alice; READ, Rupert (ed.). **The New Wittgenstein**. London: Routledge, 2001.

REFERÊNCIAS

ARISTÓTELES. Ética a Nicômaco. São Paulo: Editora Atlas, 2009.

ARNSWALD, U. Von Lebensform oder Lebensformen zu Sprachspielen : Neue Gedanken Haller/Garver-debatte. *In:* KIRCHBERG am Wechsel; KANZIAN, C.; QUITTERER, J.; RUNGGALDIER, E. (org.). **Personen. Ein Interdisziplinërer Dialog:** 25. Internationalen Wittgenstein Symposiums. Kirchberg am Wechsel: Austrian Ludwig Wittgenstein Society, 2002. p. 16-19.

BAKER, G. P.; HACKER, P. M. S. **Wittgenstein:** understanding and meaning. Part I. Chichester: Wiley-Blackwell, 2005a.

BAKER, G. P.; HACKER, P. M. S. **Wittgenstein:** Understanding and Meaning. Vol. 1. Part II. Exegesis. Chichester: Wiley-Blackwell, 2005b.

BEN-YAMI, H. Family Resemblances and Vagueness. *In:* GLOCK, H.-J.; HYMAN, J. (org.). **A companion to Wittgenstein.** Hoboken: Wiley-Blackwell, 2017. p. 407-419.

CAVELL, S. **Esta América Nova, Ainda Inabordável: palestras a partir de Wittgenstein e Emerson.** Tradução de Heloísa Toller Gomes. São Paulo: Editora 34, 1997.

CHRISTENSEN, A.-M. S. Wittgenstein and ethics. *In:* MCGINN, M.; KUUSELA, O. (org.). **The Oxford Handbook of Wittgenstein.** Oxford: Oxford University Press, 2011. p. 796-818.

CONANT, J. Must we show what we cannot say? *In:* FLEMMING, R.; PAYNE, M. (org.). **The Senses of Stanley Cavell.** Lewisburg: Bucknell University Press, 1989. p. 242-283.

DAIN, E. Wittgenstein's Moral Thought. *In:* AGAM-SEGAL, R.; DAIN, E. (org.). **Wittgenstein's Moral Thought.** New York: Routledge, 2018. p. 9-35.

DALL'AGNOL, D. Ética e Linguagem: uma introdução ao Tractatus de Wittgenstein. 3. ed. Florianópolis: Ed. da UFSC; São Leopoldo: Editora Unisinos, 2005.

DALL'AGNOL, D. Jogos Morais de Linguagem. *In:* MORENO, A. (org.). **Wittgenstein:** Ética - Estética - Epistemologia. Campinas: UNICAMP, 2006. p. 59-79.

DALL'AGNOL, D. Natural ou transcendental: sobre o conceito Lebensform em Wittgenstein e suas implicações para a ética. **Revista de Filosofia Aurora**, Curitiba, v. 21, n. 29, p. 277-295, 2009.

DALL'AGNOL, D. Semelhanças de família nos usos de 'bom'. **ethic@ -** An international Journal for Moral Philosophy, Florianópolis, v. 15, n. 2, p. 216-230, 2016.

DALL'AGNOL, D. What we cannot say, we can and must speak about. *In:* MAREK, J. C.; REICHER, M. E. (org.). **Experience and Analysis:** Papers of the 27th International Wittgenstein Symposium. Kirchberg am Wechsel: Austrian Ludwig Wittgenstein Society, 2004. p. 89-91.

DE GAYNESFORD, M. Wittgenstein on I and the self. *In:* GLOCK, H.-J.; HYMAN, J. (org.). **A companion to Wittgenstein**. Hoboken: Blackwell, 2017. p. 478-490.

DIAMOND, C. Ethics, imagination and the method of wittgenstein's tractatus. *In:* CRARY, A.; READ, R. (org.). **The new Wittgenstein**. London: Routledge, 2001. p. 149-173.

DIAMOND, C. **The Realistic Spirit:** Wittgenstein, Philosophy and the Mind. Cambridge, Massachusetts; London, England: MIT Press, 1995.

ENGELMANN, M. L. Instructions for Climbing the Ladder (The Minimalism of Wittgenstein's Tractatus). **Philosophical Investigations**, [*s. l.*], v. 41, n. 4, p. 446-470, 2018a. Disponível em: https://doi.org/10.1111/phin.12211. Acesso em: 1 jun. 2022.

ENGELMANN, M. L. What Does It Take To Climb the Ladder? (a Sideways Approach). **Kriterion:** Revista de Filosofia, Belo Horizonte, v. 59, n. 140, p. 591-611, 2018b. Disponível em: https://doi.org/10.1590/0100-512x2018n14013mle. Acesso em: 1 jun. 2022.

FLOYD, J. Wittgenstein sobre la ética: trabajando con Lebensformen. **Disputatio. Philosophical Research Bulletin**, Madrid, v. 10, n. 18, p. 109-131, 2021.

FRANCIOTTI, M. A. Reabilitando Strawson. *In:* CONTE, J.; GELAIN, I. L. (org.). **Ensaios sobre a filosofia de Strawson**. Florianópolis: Editora da UFSC, 2015. p. 103-118.

FREGE, G. **Conceitografia**. Tradução de Paulo Alcoforado; Alessandro Duarte; Guilherme Wyllie. Seropédica, RJ: Editora do PPGFIL-UFRRJ, 2018. *E-book*.

FREGE, G. **Collected Papers on Mathematics, Logic, and Philosophy**. Tradução de Max Black *et al.* New York: Basil Blackwell, 1984.

GAITA, R. **Good and evil:** an absolute conception. 2. ed. London; New York: Routledge, 2004.

GAITA, R. **The Philosopher's Dog**. 2. ed. London and New York: Routledge, 2004.

GARVER, N. Die lebensform in wittgensteins philosophischen untersuchungen. **Grazer Philosophische Studien**, Leiden, The Netherlands, v. 21, n. 1, p. 33-54, 1984. Disponível em: https://doi.org/https://doi.org/10.1163/18756735-90000218. Acesso em: 1 jun. 2022.

GLOCK, H.-J. **Dicionário Wittgenstein**. Rio de Janeiro: Jorge Zahar Editor, 1998.

HACKER, P. M. S. **Insight and Illusion:** Themes in the Philosophy of Wittgenstein (Revised Edition). Oxford: Clarendon Press, 1986.

HACKER, P. M. S. Was he trying to whistle it? *In:* CRARY, A.; READ, R. (org.). **The new Wittgenstein**. London: Routledge, 2001. p. 353-390.

HACKER, P. M. S. Forms of Life. **Nordic Wittgenstein Review**, [*s. l.*], v. Special Is, p. 1-20, 2015. Disponível em: https://doi.org/10.1111/j.1467-9205.1990.tb00079.x. Acesso em: 1 jun. 2022.

HACKER, P. M. S. Metaphysics: From Ineffability to Normativity. *In:* GLOCK, H.-J.; HYMAN, J. (org.). **A companion to Wittgenstein**. Hoboken: Wiley Blackwell, 2017. p. 207-227.

HALLER, R. **Wittgenstein e a filosofia austríaca:** questões. Tradução de Norberto de Abreu e Silva Neto. São Paulo: Edusp, 1990.

HINTIKKA, M. B.; HINTIKKA, J. **Uma investigação sobre Wittgenstein**. Tradução de Enid Abreu Dobránszky. Campinas, SP: Papirus Editora, 1993.

HUTTO, D. D. **Wittgenstein and the end of philosophy:** Neither theory nor therapy. London: Palgrave Macmillan, 2003. Disponível em: https://doi.org/10.1057/9780230503205. Acesso em: 1 jun. 2022.

ICZKOVITS, Y. **Wittgenstein's Ethical Thought**. Basingstoke: Palgrave Macmillan, 2012.

IRVINE, A. Bertrand Russell's Logic. *In:* GABBAY, D. M.; WOODS, J. (org.). **Handbook of the History of Logic, vol. 5**. Amsterdam: North-Holland, 2009. p. 1-29.

JOHNSTON, C. The Picture Theory. *In:* GLOCK, H.-J.; HYMAN, J. (org.). **A companion to Wittgenstein**. Hoboken: Wiley Blackwell, 2017. p. 141-158.

KLAGGE, J. C. Wittgenstein and von Wright on Goodness. **Philosophical Investigations**, [s. l.], v. 41, n. 3, p. 291-303, 2018. Disponível em: https://doi.org/10.1111/phin.12194. Acesso em: 1 jun. 2022.

KUUSELA, O. The development of Wittgenstein's philosophy. *In:* MCGINN, M.; KUUSELA, O. (org.). **The Oxford Handbook of Wittgenstein**. [S. l.]: Oxford University Press, 2011. p. 598-620.

KUUSELA, O. Wittgenstein and the unity of good. **European Journal of Philosophy**, [s. l.], v. 28, n. 2, p. 428-444, 2020. Disponível em: https://doi.org/10.1111/ejop.12498. Acesso em: 1 jun. 2022.

LOOMIS, E. Necessity and Apriority. *In:* GLOCK, H.-J.; HYMAN, J. (org.). **A companion to Wittgenstein**. Hoboken: Wiley Blackwell, 2017. p. 346-358.

MONK, R. **Wittgenstein**: o dever do gênio. Tradução de Carlos Afonso Malferrari. São Paulo: Companhia das Letras, 1995.

MOYAL-SHARROCK, D. Wittgenstein on Forms of Life, Patterns of Life, and Ways of Living. **Nordic Wittgenstein Review**, [s. l.], p. 21-42, 2015. Disponível em: https://doi.org/10.15845/nwr.v4i0.3362. Acesso em: 1 jun. 2022.

MULHALL, S. Words, waxing and waning: Ethics in/and/of the tractatus logico-philosophicus. *In:* KAHANE, G.; KANTERIAN, E.; KUUSELA, O. (org.). **Wittgenstein and His Interpreters:** Essays in Memory of Gordon Baker. Malden, MA; Oxford: Blackwell, 2007. p. 221-247.

PERISSINOTTO, L. 'The Socratic Method!': Wittgenstein and Plato. *In:* PERISSINOTTO, L.; CÂMARA, B. R. (org.). **Wittgenstein and Plato:** Connections, Comparisons and Contrasts. Basingstoke: Palgrave Macmillan, 2013. p. 48-71.

PERUZZO JÚNIOR, L. **Realidade, Linguagem e Metaética em Wittgenstein**. Curitiba: PUCPRESS, 2018.

PINTO, P. R. M. **Iniciação ao Silêncio:** uma análise do Tractatus de Wittgenstein. São Paulo: Edições Loyola, 1998.

PLATÃO. **Mênon & Eutidemo**. Belém: Ed. UFPA, 2020.

POTTER, M. The Logic of The Tractatus. *In:* GABBAY, D. M.; WOODS, J. (org.). **Handbook of the History of Logic, vol. 5**. Amsterdam: North-Holland, 2009.

REDPATH, T. Wittgenstein and Ethics. *In:* AMBROSE, A.; LAZEROWITZ, M. (org.). **Ludwig Wittgenstein***:* philosophy and language. London: Routledge, 1972. p. 95-119.

RHEES, R. Ethical reward and punishment. *In:* GAITA, Raimond (org.). **Value and Undestanding**. London: Routledge, 1990. p. 179-193.

RHEES, R. Some developments in Wittgensteins ethics. **The Philosophical Review**, Durham, v. 74, n. 1, p. 17-26, 1965. Disponível em: https://doi.org/10.1017/S1049096509090817. Acesso em: 1 jun. 2022.

RUSSELL, B. **Introdução à Filosofia Matemática**. Tradução de Giasone Rebuá. 4. ed. Rio de Janeiro: Zahar, 1981.

RUSSELL, B. **Our Knowledge of the External World:** as a field for Scientific method in philosophy. London and New York: Routledge, 2009.

RUSSELL, B. **Principles of Mathematics**. London: Routledge, 2010a.

RUSSELL, B. **The Philosophy of Logical Atomism**. London and New York: Routledge, 2010b.

RUSSELL, B. Truth and Falsehood. *In:* LYNCH, M. (org.). **The Nature of Truth:** Classical and Contemporary Perspectives. Cambridge, MA: MIT Press, 2001. p. 17-24.

SATTLER, J. A ética estóica do Tractatus de Wittgenstein. *In:* DALL'AGNOL, D.; FATTURI, A.; SATTLER, J. (org.). **Wittgenstein em retrospectiva**. Florianópolis: Editora da UFSC, 2012. p. 49-66.

SATTLER, J. **L'Éthique du Tractatus:** non-sens, stoïcisme et le sens de la vie. Pelotas: NEPFIL online, 2014.

SATTLER, J. Wittgenstein's Lecture on Ethics : Personal Expressions and Moral Commitment. **O que nos faz pensar**, Rio de Janeiro, v. 22, n. 33, p. 185-204, 2013.

SAVICKEY, B. Wittgenstein's Use of Examples. *In:* MCGINN, M.; KUUSELA, O. (org.). **The Oxford Handbook of Wittgenstein**. Oxford: Oxford University Press, 2011. p. 668-697.

SCHROEDER, S. Grammar and Grammatical Statements. *In:* GLOCK, H.-J.; HYMAN, J. (org.). **A companion to Wittgenstein**. Hoboken: Wiley Blackwell, 2017. p. 252-267.

SEGATTO, A. I. **Wittgenstein e o problema da harmonia entre pensamento e realidade**. São Paulo: Editora UNESP, 2015. *E-book*.

SILVA, M. Holismo e Verofuncionalidade: sobre um conflito lógico- filosófico essencial. **Philósophos -** Revista de Filosofia, Goiânia, v. 18, n. 2, p. 167-200, 2013.

SILVA, M. Sobre a fragmentação do espaço lógico tractariano. **Argumentos -** Revista de Filosofia, Fortaleza, v. 12, n. 24, p. 53-69, 2020.

SILVA, M. Wittgenstein, cores e sistemas: aspectos lógico-notacionais do colapso do tractatus. **Analytica.** Revista de Filosofia, Rio de Janeiro, v. 15, n. 2, p. 229-264, 2011.

STRANDBERG, H. **The Possibility of Discussion:** Relativism, Truth and Criticism of Religious Beliefs. Aldershot, Hants, England; Burlington, VT: Ashgate, 2006.

SULLIVAN, P. Frege's Logic. *In:* GABBAY, D. M.; WOODS, J. (org.). **Handbook of the History of Logic, vol. 3:** The Rise of Modern Logic from Leibniz to Frege. Amsterdam; Boston: Elsevier, 2004.

TECHIO, J. Solipsism and the Limits of Sense in the Tractatus. **Philosophical Topics**, Arkansas, v. 42, n. 2, p. 339-369, 2014.

TURGUÊNIEV, I. **Pais e Filhos**. Tradução de Rubens Figueiredo. São Paulo: Cosanaify, 2015.

VELLOSO, A. Forma De Vida Ou Formas De Vida? **Philósophos -** Revista de Filosofia, [*s. l.*], v. 8, n. 2, p. 159-184, 2003. Disponível em: https://doi.org/10.5216/phi.v8i2.3211. Acesso em: 1 jun. 2022.

VON WRIGHT, G. H. **The Varieties of Goodness**. London: Routledge, 1963.

WAISMANN, F.; MCGUINESS, B. **Wittgenstein und der Wiener Kreis**. Frankfurt am Main: Suhrkamp, 1996.

WALKER, J. Wittgenstein's earlier ethics. **North American Philosophical Publications**, Champagn, Illinois, v. 5, n. 4, p. 219-232, 1968.

WHITE, R. M. Logic and The Tractatus. *In:* GLOCK, H.-J.; HYMAN, J. (org.). **A companion to Wittgenstein**. Hoboken: Wiley Blackwell, 2017. p. 293-304.

WITTGENSTEIN, L. Conferência sobre Ética. Ética e linguagem: uma introdução ao tractatus de Wittgenstein. Florianópolis, São Leopoldo: Editora da UFSC, Editora Unisinos, 2005. p. 215-224.

WITTGENSTEIN, L. **Cultura e Valor**. Tradução de Jorge Mendes. Lisboa: Edições 70, 2019.

WITTGENSTEIN, L. **Fichas (Zettel)**. Tradução de Ana Berhan da Costa. Lisboa: Edições 70, 1989.

WITTGENSTEIN, L. **Investigações Filosóficas**. Tradução de José Carlos Bruni. São Paulo: Editora Nova Cultural, 2000.

WITTGENSTEIN, L. **Lectures and Conversations on Aesthetics, Psychology and Religious Belief.** Berkeley and Los Angeles: University of California Press, 1967.

WITTGENSTEIN. Notebooks 1914-1916. **The collected works of ludwig wittgenstein.** [S. l.: s. n.], [s. d.].

WITTGENSTEIN, L. **The Collected Works of Ludwig Wittgenstein**. Tradução de G. E. M Anscombe. 2. ed. Oxford, UK: Basil Blackwell, 1998.

WITTGENSTEIN, L. **The Mythology in our Language:** Remarks on Frazer's Golden Bough. Tradução de Translated by Stephan Palmié; Edited. Chicago: Hau Books, 2018.

WITTGENSTEIN, L. **Tractatus logico-philosophicus**. Tradução de Luiz Henrique Lopes dos Santos. 3. ed. São Paulo: Edusp, 2017.

WITTGENSTEIN, L. **Tratado lógico-filosófico & Investigações Filosóficas**. Tradução de M. S. Lourenço. 6. ed. Lisboa: Editora Fundação Calouste Gulbenkian, 2015.

WITTGENSTEIN, L. **Wittgenstein's lectures, Cambridge, 1932–1935**: from the notes of Alice Ambrose and Margaret Macdonald. Amherst: Prometheus Books, 2001.

WITTGENSTEIN, L. **Wittgenstein in Cambridge:** letters and documents, 1911-1951. 4. ed. Malden, Mass.: Blackwell, 2008. Disponível em: https://doi.org/10.1002/9781444301243. Acesso em: 1 jun. 2022.

WITTGENSTEIN, L.; MOORE, G. E. **Wittgenstein:** Lectures, Cambridge 1930 – 1933 From the Notes of G. E. Moore. Cambridge, United Kingdom: Cambridge University Press, 2016.